Zu diesem Buch

Satprem ist ein Schüler des großen indischen Yogi und Weisen Sri Aurobindo. Auf Grund seiner Forschungen und Erfahrungen ist er davon überzeugt, daß der Mensch vor einem gewaltigen Bewußtseinssprung steht, der die Welt und die Menschheit entscheidend verändern wird.

Das Buch ist eine undogmatische und faszinierende Darstellung der Entwicklungsmöglichkeiten des Menschen. Satprem beschreibt, wie das veränderte Bewußtsein aussehen und welche umwälzenden Folgen es haben wird. Satprem – er ist Franzose – liefert eine brillante Synthese zwischen westlichem Denken und östlicher Weisheit. «Der Sonnenweg» ist ein leidenschaftliches Plädoyer für das Potential des Menschen.

SATPREM wurde als Zwanzigjähriger ins KZ nach Buchenwald deportiert. Nach der Befreiung reiste er mehrere Jahre durch die Welt, bis er Sri Aurobindo kennenlernte und Schüler von dessen Mitarbeiterin Mirra Alfassa wurde, genannt ‹die Mutter›, und schließlich zu ihren engsten Vertrauten gehörte. Satprem lebt immer noch in Indien.

Lieferbare Bücher des Autors: «Der kommende Atem», Daimon Verlag und «Mutters Agenda» Bd. 1, Lingenbrink Verlagsauslieferung.

Satprem

Der Sonnenweg zum großen Selbst

Der Schlüssel zur
bewußten Evolution

Aus dem Französischen
von Cay Hehner

rororo
transformation

rororo transformation
Herausgegeben von Bernd Jost und Jutta Schwarz

Umschlagillustration Stefan Kiefer

Deutsche Erstausgabe
Veröffentlicht im Rowohlt Taschenbuch Verlag GmbH,
Reinbek bei Hamburg, Juni 1990

Die Originalausgabe erschien 1988 bei Éditions Buchet / Chastel,
Paris, unter dem Titel «La Genèse du Surhomme».

Satz Trump Mediaeval (Linotron 202)
Gesamtherstellung Clausen & Bosse, Leck
Printed in Germany
980 ISBN 3 499 18744 2

Inhalt

zu Füßen der Wahrheit

Vielleicht finden wir
wenn alles übrige gescheitert ist verborgen in uns
den Schlüssel zur vollkommenen Veränderung [1]

Sri Aurobindo

Die Geheimnisse sind einfach.

Denn die Wahrheit ist einfach, sie ist die einfachste Sache der Welt – deswegen sehen wir sie auch nicht. Es gibt nur *eine* Sache auf der Welt und nicht zwei, wie den Physikern und Mathematikern langsam klar wird und wie es ein Kind wohl weiß, das der Welle zulächelt an einem sonnenverwehten Strand, an dem dieselben Schaumkronen sich aufzutürmen scheinen wie zu Anbeginn der Zeiten und sich dem großen Rhythmus einer vorzeitlichen Erinnerung anschließen, die die Tage und die Sorgen in einer einzigen Geschichte verschmilzt, so alt, als sei sie unwandelbare Gegenwart, so weit, daß sie ihre Unermeßlichkeit selbst an die Schwingen einer Seemöwe heftet. Und alles ist in einer einzigen Sekunde enthalten, die Totalität aller Zeiten und Seelen, in einem einfachen Punkt, der einen Augenblick im wilden Schaum aufleuchtet. Diesen Punkt aber haben wir verloren, auch dieses Lächeln und die singende Sekunde. So versuchten wir die Einheit durch Addieren wiederherzustellen: 1 + 1 + 1 … wie unsere Computer, als ergäbe die Summe allen möglichen Wissens über alle möglichen Punkte den richtigen Ton, den einzigen Ton, der die Welt und das Herz eines vergessenen Kindes bewegt und zum Klingen bringt. Diese Einfachheit haben wir für jede Brieftasche zu fabrizieren versucht, und je mehr sich unsere technischen Tastaturen vervielfältigten, das Leben vereinfachten, desto mehr entfloh uns der Vogel und das Lächeln, selbst der schöne Schaum ist durch unser Kalkül verschmutzt. Wir sind nicht einmal mehr sicher, ob unser Körper noch uns gehört – die schöne Maschine hat alles verschlungen.

Dabei ist diese einzige Sache zugleich die einzige Macht, denn das, was in einem Punkt leuchtet, leuchtet zugleich in allen anderen Punkten: ist das einmal begriffen, ist auch alles übrige begriffen, es gibt nur *eine* Macht auf der Welt und nicht zwei. Ein Kind begreift das sehr wohl: es ist König, es ist unverwundbar. Aber das Kind wächst auf und vergißt. Ebenso wuchsen die Menschen auf, die Nationen, die Zivilisationen, jeder suchte nach seiner Façon das große Geheimnis, das einfache Geheimnis – mit Waffengewalt, durch Eroberungen, durch Meditationen, durch Magie, durch Schönheit, Religion oder Wissenschaft. Und, offen gestanden, wir sind nicht sicher, wer fortgeschrittener ist, der Erbauer der Akropolis, der Magier von Theben, der Astronaut auf Cap Kennedy oder selbst der Zisterzienser; denn die einen lehnten das Leben ab, um es zu verstehen, die anderen ergriffen es, ohne es zu verstehen, die dritten hinterließen eine Spur von Schönheit darin und wieder andere einen Silberstreifen in einem unveränderten Himmel – wir sind lediglich die letzten auf der Liste. Und unseren eigenen Zauber haben wir noch immer nicht gefunden. Der Punkt, der winzigmächtige Punkt ist immer zugegen auf dem Strand der weiten Welt, er glänzt für jeden, der Augen hat zu sehen, so wie er glänzte, als es noch nicht uns Menschen unter den Sternen gab.

Dennoch haben andere das Geheimnis berührt: die alten Griechen kannten es vielleicht und auch die Ägypter und sicherlich die indischen Rishis des vedischen Zeitalters. Aber mit den Geheimnissen geht es wie mit den Blüten an einem schönen Baum, sie haben ihre eigene Zeit, ihr unmerkliches Wachstum, ihr plötzliches Aufblühen. Für alles gibt es einen richtigen «Augenblick», selbst für die Konjunktion der Sterne über unseren Köpfen und den Flug des Kormorans über den schaumweißen Klippen und vielleicht sogar für die Schaumkrone selbst, die einen Augenblick vom Schwall der Wellen aufgeworfen wird, alles bewegt sich gemäß eines einzigen Ritus. Selbst der Mensch. Ein Geheimnis, das heißt ein Wissen, das heißt eine Macht, hat seine eigene organische Zeit, und eine einzelne kleine Zelle, weiter entwickelt als die anderen, kann nicht die Macht ihres Wissens verkörpern, das heißt die Welt verändern, die Blütezeit des großen Baumes beschleunigen, wenn nicht das übrige evolutionäre Terrain bereit ist.

Aber die Zeit ist gekommen.

Sie ist gekommen, treibt Knospen, schlägt überall auf der Erde aus, selbst wenn diese unsichtbare Blume noch als Eiterbeule erscheint: Studenten in Kalkutta enthaupten eine Statue Gandhis, die alten Götter zerfallen zu Staub, die intellektuellen und philosophischen Geister schleudern Parolen der Zerstörung in die Welt und rufen die Barbaren der Fremde, wie die alten Römer, um ihr eigenes Gefängnis niederreißen zu helfen; andere rufen nach künstlichen Paradiesen – gleich welcher Weg, bloß nicht mehr dieser eine! Und die Erde keucht und ächzt aus all ihren Rissen und Spalten, ihren unzähligen Spalten, aus allen Zellen ihres großen, sich wandelnden Körpers. Die sogenannten «Übel» unserer Epoche sind heimliche Geburtswehen, die wir noch nicht zu verstehen gelernt haben. Wir stehen vor einer neuen evolutionären Krise, die nicht minder radikal ist als die erste menschliche Abweichung unter den großen Affen.

Da aber der terrestrische Körper eins ist, ist das Heilmittel eins, wie die Wahrheit, und ein einziger transmutierter Punkt transmutiert alle übrigen. Dieser Punkt liegt jedoch in keiner Reform unserer Gesetze, Systeme, Wissenschaften, Religionen, weltanschaulichen Schulen oder «ismen» jedweder Farbe – all das ist noch Teil der alten Mechanik, es gilt nicht, irgendeinen Bolzen irgendwo fester anzuziehen, etwas hinzuzusetzen oder zu verbessern, wir stecken voll und ganz in der Erstickung. Dieser Punkt liegt ebensowenig in unserer Intelligenz – sie hat ja die ganze Mechanik konzipiert – noch in einer Besserung des Menschen, denn das wäre nichts als eine Verherrlichung seiner Schwächen und seiner vergangenen Größe. «Die Unvollkommenheit des Menschen ist nicht das letzte Wort der Natur», sagte Sri Aurobindo, «seine Vollkommenheit jedoch ist ebensowenig der letzte Gipfel des Geistes.»[2] Dieser Punkt liegt in einer für unseren Intellekt unvorstellbaren Zukunft, die aber im Herzen des Wesens wächst wie die Blüten des Flamboyanten, nachdem alle Blätter gefallen sind.

Nichtsdestoweniger gibt es einen Hebel in die Zukunft, begeben wir uns nur zum Herzen *der* Sache. Was aber ist dieses Herz, wenn es nicht in all dem zu finden ist, was wir nach unseren menschlichen Normen für schön, gut und wahr halten?... Eines Tages versuchten die ersten Reptilien, die das Wasser verlassen hatten, zu fliegen, die ersten Primaten, die den Dschungel hinter sich gelassen hatten, warfen einen befremdeten Blick auf die Welt: ein und derselbe unwiderstehliche Drang veranlaßte sie, einen anderen Zustand zu betrachten; und vielleicht war die gesamte transformative Kraft in diesem einen einfachen Blick auf etwas *anderes* enthalten, als besäße dieser Blick – dieser Ruf, der unbekannte Punkt, der schreit – die Macht, die Quellen der Zukunft zu entsiegeln.

Denn dieser Punkt enthält in Wahrheit alles, vermag alles, ist ein Funke des solaren Selbst, unzählig und einzig, der im Herzen der Menschen und Dinge scheint wie in jedem Punkt des Raumes, in jeder Sekunde der Zeit, in jeder Schaumflocke, der unablässig zu jenem Immer-Mehr wird, das er im Bruchteil einer Lichtsekunde erblickte.

Die Zukunft gehört jenen, die sich vorbehaltlos der Zukunft hingeben.

Und wir behaupten, daß es eine Zukunft gibt, die weit herrlicher ist als alle elektronischen Paradiese des Mentals: der Mensch ist ebensowenig das Ende, wie der Archeopteryx die Krönung der Reptilien war – denn wo überhaupt könnte die große evolutionäre Welle enden? Und heute ist es klar erkenntlich: Wir scheinen immer neue und immer großartigere Maschinen zu entwerfen, stekken die Grenzen des Menschlichen immer weiter aus, dringen selbst bis Jupiter und Venus vor. Tatsächlich aber erscheint es nur so, die Lage wird zunehmend unerträglicher, nähert sich dem Ersticken, und nichts wird in Wahrheit weitergesteckt: Wir katapultieren ein mitleiderregendes kleines Menschenwesen bis an die Grenzen des Kosmos, obwohl es sich nicht einmal um seine eigene Sippschaft zu sorgen versteht und nicht weiß, ob seine Höhlen einen Drachen beherbergen oder ein Baby, das weint. Unser Fortschritt ist in Wirklichkeit gleich Null, wir blähen einzig unseren mentalen Heißluftballon völlig außer Proportionen, auf daß er uns jeden Augenblick ins Gesicht platzt. Wir haben den Menschen nicht verbessert, wir haben ihn nur kolossalisiert. Und es konnte nicht anders sein, der Fehler liegt in keinem Mangel unserer Tugend oder unseres Intellekts, denn selbst aufs äußerste angestrengt können diese nichts anderes ergeben als Superasketen oder Supermaschinen: also Monster. Ein asketisches Reptil in seinem Loch stellt nicht mehr einen evolutionären Gipfel dar als ein asketischer Mönch. Oder steigen wir gleich aus. In Wahrheit besteht der Gipfel des Menschen – oder der Gipfel von was auch immer – nicht in der graduellen Vervollkommnung der betreffenden Gattung, sondern in «etwas» radikal Anderem, das nicht seiner Gattung angehört und das er zu werden bestrebt ist. So lautet die evolutionäre Gesetzmäßigkeit. Der Mensch ist kein Endzweck, er ist ein «Übergangswesen», wie Sri Aurobindo vor langer Zeit sagte[3], er befindet sich auf dem Weg zum Übermenschen, so unabdingbar wie die äußerste Knospe des äußersten Astes bereits im Samen des Mangobaumes enthalten ist. Und unsere einzige wirkliche Aufgabe, unser einziges Problem, die einzige Frage aller Zeiten, die es zu lösen gilt und die unser riesiges terrestrisches Schiff in all seinem ächzenden Spanten- und Sparrenwerk auseinanderreißt, ist: Wie läßt sich die Passage bewerkstelligen?

Auch Nietzsche hatte das gesehen. Sein Übermensch allerdings war eine Kolossalisierung des Menschlichen, wir haben ihn über Europa stürmen sehen; damit war kein evolutionärer Fortschritt erreicht, sondern ein Rückfall in die alte Barbarei der blonden oder brünetten Bestie des menschlichen Egoismus. Kein Supermann tut uns not, sondern etwas anderes, das bereits im Herzen der Menschen stammelt und das sich so sehr vom Menschen unterscheidet wie Bachs Kantaten von den ersten Grunzlauten der Hominiden. Und in Wahrheit sind Bachs Kantaten armselig, wenn das innere Ohr sich den Harmonien der Zukunft zu öffnen beginnt.

Diese Öffnung, diese Passage wollen wir im Licht dessen zu ergründen versuchen, was wir von Sri Aurobindo und jener, die sein Werk weiterführten, gelernt haben, den *modus operandi* des Übergangs, damit wir den Hebel selbst ergreifen und methodisch an unserer eigenen Evolution arbeiten können – experimentelle Evolution betreiben können –, so wie andere in Reagenzgläsern Embryos züchten, wobei sie vielleicht nichts weiter als das Echo ihrer eigenen Ungeheuer zu hören bekommen.

Das Geheimnis des Lebens liegt nicht im Leben selbst, jenes des Menschen nicht im Menschen, desgleichen wie «das Geheimnis des Lotus nicht im Morast liegt, aus dem er treibt», wie Sri Aurobindo sagt[4], und dennoch verbinden sich Morast und Sonnenstrahl und erlangen zusammen einen höheren Grad von Harmonie. Diese Verbindungsstätte, diesen Transmutationspunkt gilt es zu finden. Dann werden wir vielleicht wiederentdecken, was ein stilles Kind am Strand in der wilden Schaumflocke sah, und die höchste Musik, die die Welten webt, und das einzigartige Wunder, das seiner Zeit harrt.

Und das, was menschenunmöglich erschien, wird ein Kinderspiel.

I

Die mentale Festung

Unsere Schwierigkeiten entstammen stets der Illusion, daß wir auf uns allein gestellt sind, sie zu lösen. Wenn unsere intellektuelle Macht (oder Ohnmacht) nicht eingreift, wenn unsere mehr oder weniger großen Fähigkeiten nicht engagiert sind, glauben wir, unser Bemühen sei zum Scheitern verurteilt. Das ist die tief sitzende Überzeugung des mentalen Menschen. Ihre Folgen kennen wir nur zu gut. Aber auch wenn sie innerhalb ihres Rahmens fehlerlos wäre, birgt diese Vorgangsweise doch einen kapitalen Fehler, nämlich nur das erreichen zu können, was bereits in unserer Intelligenz und unserer Muskelkraft angelegt ist – ausgenommen das Leben vereitelt unsere Pläne durch unvorhergesehene Einflüsse. Mit anderen Worten: unsere mentale Existenz ist ein geschlossenes System. Nichts kann in sie eindringen außer dem, was wir hineinstecken. Hier liegt der Grundstein der Großen Festung. Ihre zweite, unausweichliche Charakteristik ist die strenge Mechanik ihrer Abläufe: Alles verläuft im geschlossenen Kreislauf des Denkens, der Planung oder der besagten Muskelkraft, die wir einsetzen, da ja nichts hinzuzutreten vermag als das, was wir selbst zusammengebraut haben. Und alles ist quantifiziert bis auf das kleinste Dyn, Zentidyn und Millidyn, das wir aufwenden: Das Maß stimmt – oder ist knapp, aber auch das wurde im eingesetzten Intelligenz-Quotienten bereits berücksichtigt. Das heißt, das System ist bis in die letzte Ritze vollkommen hermetisch vernietet und versiegelt. Es gibt nicht den geringsten Sprung, außer, wiederum, das Dasein wirft unsere unantastbaren Messungen als mehr oder weniger unpassend über den Haufen. Ihre dritte, unausweichliche Charakteristik folgt aus den beiden anderen, es handelt sich um ihre vollkommene «Objektivität»: nichts entgeht ihrer Aufmerksamkeit, oder das, was ihr entgeht, ist von vornherein genau kalkuliert, in Gleichungen gesetzt und «programmiert», um in den Kreislauf der Maschine zurückgeführt werden zu können und den Ballon weiter aufzublasen, wenn es an der Reihe ist. Selbstverständlich ist alles objektiv, denn jedermann trägt ja identisch getönte Gläser, selbst unsere Instrumente gehen auf das genaueste mit den Ergebnissen konform, die wir von ihnen erwarten. Kurz, das System ist durch und durch auf das vollkommenste und strengste vorprogrammiert. Wir haben einen mentalen Kreis gezogen, wie der Zauberer von damals, sind mitten hineingetreten, und dort stehen wir nun.

Doch genau das kann sich als ungeheure Illusion offenbaren.

Tatsächlich zerplatzt diese Illusion gerade. Das, was uns als gräßliches Durcheinander erscheint, ist ein großes Aufgebot neuer Energien, die einen frischen Wind in die Lungen von uns mentalisierten Erdlingen blasen... «Neue Energien», in diesen Worten schwingt etwas von Mystik mit, wogegen der Materialist heftig protestieren würde. Wir sollten uns aber eingestehen (bevor uns die Umstände brutal dazu zwingen), daß unsere Materialisten von heute ebenso veraltet sind wie die Religionsanhänger von gestern, ihr System ist kurzgeschlossen, vernietet, vorprogrammiert und veraltet. Der eine wie der andere ist Produkt des mentalen Kreises, die Kopf- und Kehrseite derselben Medaille, die sich zunehmend als Falschmünze erweist. Es geht nicht um Gott oder Nicht-Gott, sondern um etwas anderes; es geht darum, aus dem Kreis auszutreten und zu entdecken, wie man auf der anderen Seite atmet – und man atmet dort sogar ausgezeichnet, als hätte man niemals vorher geatmet, als wäre es überhaupt unser erster Atemzug auf der Welt.

Wir bewerkstelligen die Passage also nicht durch eigene Kraft; wäre das die Bedingung, könnte keiner es tun, außer den spirituellen Athleten. Aber selbst diese Athleten, randgefüllt mit ihren Meditationen, Konzentrationen und Askesen, schaffen es nicht wirklich, auch wenn sie den Anschein geben mögen: sie blähen lediglich ihr spirituelles Ego (eine schlimmere Form als die anderen, viel tückischer, denn es kleidet sich in ein Körnchen Wahrheit), und ihre Erleuchtungen sind nichts weiter als die Entladungen der Wolken, die sie um sich gesammelt haben. Die innere Logik der Passage ist einfach: Man kann nicht allein durch die Kraft des Kreises aus dem Kreis ausbrechen, sowenig wie der Lotos allein durch die Kraft des Morastes aus diesem herauswächst. Es erfordert einen kleinen Sonnenstrahl. Und weil sie nur die ätherischen Gipfel des mentalen Ballons berührt hatten, produzierten die Asketen und Heiligen und Religionsstifter aller Epochen die eine oder die andere Kirche, die auf seltsame Weise dem geschlossenen System glich, von dem sie ausgegangen waren, das heißt, es gab ein Dogma, eine Reihe von Bestimmungen, eine Gesetzestafel, einen einzigen und alleinigen Propheten, der das Licht der Welt im gesegneten Jahr 000 erblickte, und um den sich die Heilsgeschichte dreht, auf immer fixiert auf das Jahr 000, wie das Elektron um den Atomkern, die Sterne um die Achse des Kleinen Bären und der Mensch um seinen Nabel. Oder, sind sie tatsächlich aus dem Kreis ausgebrochen, dann nur im Geiste, und die Erde und die Körper wurden ihrem gewohnten Zersetzungsprozeß überlassen. Es mag wohl sein, daß jede dieser neuen Weltachsen weiser, luminöser, wertvoller und tugendhafter war als die vorangehenden und dem Menschen geholfen hat, doch am mentalen Kreis hat sich nichts geändert, wie man seit Jahrtausenden sieht – denn ihr Licht war nur die Kehrseite ein und desselben Schattens, das Weiß des Schwarz, das Gute des Bösen, die Tugend der entsetzlichen Misere, die uns alle in den Windungen unserer Höhlen packt.

Diese unversöhnliche Dualität, die das gesamte Leben des mentalen Menschen überschattet und beherrscht – ein Leben, das nur das Leben des Todes ist –, kann augenfälligerweise auf gerade dieser Ebene der Dualität nicht gelöst werden: Ebensogut könnte man seine rechte Hand nehmen und damit die linke niederzukämpfen versuchen. Genau das hat das menschliche Mental, ohne großen Erfolg, auf allen Ebenen seiner Existenz zu leisten versucht, seinen Himmel der Hölle gegenübergestellt, seine Materie dem Geist, seinen Individualismus dem Kollektivismus oder gleich welchem anderen der verschiedenen «ismen», von denen es in dieser unglücklichen Sphäre nur so wimmelt. Der Ausweg liegt in keinem Erlaß irgendeines perfektionierten «ismus»: Ihres

Himmels beraubt, ist unsere Erde ein armselig leerlaufendes Getriebe; seiner Materie beraubt, ist unser Himmel ein bleicher Nebel, in dem die schweigenden Medusen entkörperter Geister schweben; und der Individuen beraubt, sind unsere Gesellschaften ein gräßlicher Ameisenhaufen; selbst seiner «Sünden» beraubt, verliert das Individuum einen Spannungspol, der ihm in seiner Entwicklung half. Die Wahrheit ist, daß keine Idee, so großartig sie auch sein mag, die Macht hat, die Konstrukte des Mentals aufzulösen – aus dem guten Grunde, daß diese Konstrukte ihren Wert und ihre Zeit haben. Aber auch es hat seine Zeit, wie die Spore, die über das Land streicht, bis sie eines Tages günstigen Boden findet und aufbricht.

Und tatsächlich besteht der Ausweg nicht in einer Idee, sondern in einem organischen Fakt.

Die Natur lehrt uns beständig, daß sie ausgezeichnete Gründe für ihr Wirken hat; wir halten uns für ihr überlegen, weil wir sie mentalisieren, klassifizieren und einige ihrer Geheimnisse ausbeuten, doch bei alldem unterliegen wir noch ihren Gesetzen. Wenn sie wirklich fähig war, aus fahlem Protoplasma die schillernden Tentakel der Seeanemonen zu entwickeln, damit sie ihre Beute besser greifen können, und all die Millionen Arten bildete, um uns die Regenbogenpalette dieser guten Erde darzubieten, dann ist anzunehmen, daß sie auch gute Gründe hatte, die menschlichen Seeanemonen zu bilden, von denen jede im polychromen Netz ihrer Tausenden von Gedanken, Gefühlen und Impulsen die Beute ergreift, die sie fassen kann. Wenn der mentale Kreis, diese beunruhigende Hydra, sich um unsere menschliche Art gelegt hat, dann ist das mit Sicherheit keine nutzlose Falle, über die wir uns hätten hinwegsetzen können, wären wir nur etwas gewitzter gewesen. Denn wozu ihn schaffen, wenn er zu nichts weiter da ist, als überwunden zu werden? Hätte einer der visionären Hirten aus der Zeit der Upanishaden bereits unmittelbar den Sprung zum Übermenschen vollführen können, so wäre es evolutionär unerklärlich, wofür all der Schmerz und all das Blutvergießen gut gewesen sein soll. Nichts auf der Welt ist überflüssig, das Leiden, das *nicht* eine geheime Sprengkraft des Wachstums in sich birgt, muß noch gefunden werden.

Doch der Nutzen des Mentals liegt überhaupt nicht in dem, was es sich in der Arroganz seines Wissens und seiner Entdeckungen gerne einbildet, denn das Mental verwechselt stets das Instrument mit dem Meister. Wir hielten das mentale Werkzeug für Zweck und Mittel zugleich und glaubten, dieser Zweck bedeute eine zunehmend größere, siegreichere und strengere Herrschaft des mentalen Terrains, das es mit prächtigen Städten und weniger prächtigen Vorstädten ausgestattet hat. Hierbei handelt es sich aber lediglich um einen Sekundärzweck, um ein lautes Nebenprodukt, und es zeigt sich, daß die fundamentale Wirkung des Mentals im Menschen nicht die ist, ihn intelligenter zu machen (intelligent in bezug auf was? Die Maus in ihrem Loch besitzt eine ausgezeichnete Intelligenz für das ihr eigene Revier), sondern ihn innerhalb seiner eigenen Art zu individualisieren und ihm die Fähigkeit zur Abweichung, zur Veränderung zu geben – wohingegen die übrigen Arten unveränderlich und allein als allgemeiner Typus individualisiert waren – und ihn schließlich zu befähigen, einen Blick *vorauszuwerfen* auf das, was seinen eigenen Zustand überschreitet. Mit dieser Individualisierung und der Macht der Veränderung nehmen die «Irrtümer» des Menschen, seine «Sünden», seine schmerzliche Zerrissenheit ihren Anfang; seine Macht zum Irrtum aber ist gleichfalls seine verborgene Macht zum Fortschritt, und eben aus diesem Grund scheitern unsere selbstgerechte Moral und unsere makellosen Himmel und werden das auch bis in alle Ewigkeit weiter tun: denn ohne Irrtum und Tadel wären wir eine stagnierende und unfehlbare Art wie die Mollusken oder das Opossum. Anders gesagt, das Mental ist ein Instrument der beschleunigten Evolution, ein «Evolutionär» oder Entwickler. In fünfzig Jahren wissenschaftlicher Entwicklung hat der Mensch größere Fortschritte gemacht als in allen vorwissenschaftlichen Jahrtausenden zusammengenommen. Aber Fortschritte in welchem Sinne? Gewiß nicht im Sinne seiner eitlen, trügerischen Herrschaft, nicht in besserem Leben oder besserem Sein, sondern im Sinne der mentalen Sättigung der Art. Einem Kreis kann man nicht entrinnen, bevor man ihn individuell und kollektiv, voll und ganz durchlaufen hat. Es ist nicht möglich, allein auf die andere Seite zu gelangen. Die Passage gelingt jedermann (oder steht zumindest jedermann offen) oder niemandem, die Art als Ganzes entwickelt sich weiter, denn es gibt nur *einen* menschlichen Körper. Anstelle einer Handvoll Eingeweihter, die unter einer Masse von ignoranten und semi-animalischen Menschen verstreut sind, ist es die Spezies als Ganzes, die im Begriff steht, ihre Initiation zu bewerkstelligen, oder in der Sprache der Evolution, die ihre äußerste Veränderung bewirkt. Wir haben den mentalen Kreis nicht durchlaufen, um Raketen zum Mond zu schießen, sondern um individuell, unzählig und willentlich fähig zu sein, die Passage in den höheren Kreis zu vollziehen. Der Bruch des alten Kreises ist der große organische Fakt unserer gesamten Epoche. Und alle Dualitäten, die Gegenpole, die Laster der Tugenden und die Tugenden der Laster, das gesamte schillernde Chaos sind Instrumente der Arbeit, Spannungsfelder oder «Tensoren», wenn man so will, die uns auf Biegen und Brechen gegen die Eiserne Mauer drängen – eine Mauer der Illusion. Doch die Illusion fällt erst dann, wenn man sie erkennen will.

Soweit unsere gegenwärtige Lage. Die Illusion ist noch nicht besiegt, sie tobt sogar mit nie dagewesener Gewalt, gerüstet mit all den Waffen, die wir so eilfertig für sie aufpoliert haben. Doch dies sind die letzten Konvulsionen eines Kolosses, der auf tönernen Füßen steht – der in Wahrheit ein Gnom ist, ein überdimensionierter Gnom mit Stahlhelm und eisernen Kiefern. Die Weisen des alten Indiens wußten das wohl. Sie gliederten die menschliche Evolution in vier konzentrische Kreise: denjenigen der Weisen und Gelehrten *(Brahmanen)*, die in der Frühzeit der Menschheit, in dem «Weltalter der Wahrheit» lebten, dem darauffolgenden der Edlen und Krieger *(Kshatriya)*, in dem nur «drei Viertel der Wahrheit» verblieben; dem weiter folgenden der Händler und Bürger *(Vaishya)*, die nur noch die «Hälfte der Wahrheit» besaßen; und schließlich dem unsrigen, der Epoche des «kleinen Menschen», der *Shudras*, den Knechten und Dienern (der Maschine, des Egos, der Gier), dem großen Proletariat der reglementierten, parzellierten Freiheiten – des «Finsteren Weltalters», *Kali Yuga*, in welchem überhaupt keine Wahrheit mehr verbleibt. Gerade weil jedoch dieser letzte Kreis der extremste ist, weil alle Wahrheiten versucht, erschöpft wurden, weil alle nur möglichen Wege und Abwege durchlaufen sind, berühren wir nun die echte Lösung, die wahre Lösung im Anbruch eines neuen Weltalters der Wahrheit, dem «supramentalen Zeitalter», von dem Sri Aurobindo sprach, wie die Butterblume, die ihre letzte Hülse bricht, bevor sie ihr goldenes Inneres freilegt. Wenn die Entsprechung zwischen dem großen Kollektivkörper und unserem Körper stimmt, könnte man sagen, daß das Zentrum, welches das Zeitalter der Weisen beherrschte, sich auf der Höhe der Stirn befand, während dasjenige des Zeitalters der Edelmänner auf dem Niveau des Herzens situiert war, dasjenige des Zeitalters der Händler sich auf den Bauch konzentrierte, und schließlich das für unser Zeitalter zutreffende auf dem Niveau der Materie und des Geschlechts liegt. Der Abstieg ist vollendet. Dieser Abstieg aber beinhaltet einen Sinn, und zwar einen Sinn *für die Materie.* Wären wir für immer und ewig auf Stirnhöhe gottlicher Wahrheiten des Mentals verblieben, niemals wäre diese Erde, dieser Körper transformiert worden, und die Lösung wäre aller Wahrscheinlichkeit nach eine Flucht in irgendeinen Himmel des Geistes gewesen oder eine Auflösung in irgendein Nirwana. Jetzt hingegen muß alles transformiert werden, selbst die Materie und der Körper, denn wir stecken ja voll und ganz in ihm; durch eine sublime Ironie erscheint dies als größter Dienst, den das finstere Weltalter uns mit seiner Wissenschaftlichkeit und seinem Materialismus erwiesen hat: solch ein Eintauchen des Geistes in die Materie zu erzwingen, daß nichts bleibt, als sich in ihr zu verlieren oder sich mit ihr zu transformieren. Das absolute Schwarz ist nichts als der Schatten einer gewaltigeren Sonne, welche die Abgründe durchpflügt, um eine dauerhaftere Schönheit hervorzubringen, die sich auf den geklärten Grund unseres terrestrischen Unterbewußtseins gründet und bis in die letzten Zeilen unseres Körpers aufrecht eingeht.

O Du gewaltenbeherrschtes, schicksalgetriebenes, erdgeborenes
  Geschlecht,
O Ihr kleinlichen Abenteurer einer unendlichen Welt,
Und Sklaven einer Zwergenmenschheit,
Wie lange wollt ihr in dem leeren Kreislauf des Mentals treten
Um Euer kleines Selbst und schale Dinge?...
Ein Seher, ein kühner Schöpfer lebt in Euch.
Makellose Größe schwebt über Euren Tagen,
Allmächtige Gewalten liegen in den Zellen der Natur
  verborgen.[5]

Diese (für uns) unmögliche Aufgabe ist nicht unmöglich für die Große Vollenderin, die das evolutionäre Spiel bis zu diesem kritischen Punkt getrieben hat. Sie ist es, die es vermag. Ihre stillen Reserven gilt es zu ergreifen oder vielmehr sich von ihr ergreifen zu lassen und mit intimstem Verständnis der Großen Wandlung an unserer eigenen Evolution mitzuarbeiten. Keine der athletisch-spirituellen Tugenden des alten geschlossenen Systems sind hier von Nutzen, sondern eine Art radikaler Sprung ist notwendig, voll bewußt und mit weit offenen Augen, mit einer einfachen Hingabe seiner selbst an die Götter der Zukunft, mit dem entschiedenen Entschluß, die ungeheure Illusion bis in die letzten Winkel zu verfolgen, mit einer höchsten Öffnung für die höchste Möglichkeit – die uns in ihre Arme nimmt und uns auf ihren Sonnenweg führt, bevor wir uns angeschickt haben, auch nur das Viertel eines Schrittes auf sie zuzugehen. Denn in Wahrheit gibt es «Augenblicke, in denen der Geist sich unter den Menschen bewegt... es gibt andere, in denen er sich zurückzieht und sie ihren Taten überläßt, gemäß der Kraft oder Schwäche ihres eigenen Egoismus. Erstere sind Perioden, in denen selbst eine kleine Anstrengung große Ergebnisse zeitigt und das Schicksal verändert...» [6]

In Wahrheit befinden wir uns in genau einem solchen Augenblick.

II

Die große Wandlung

Das Geheimnis eines Kreises liegt in dem unmittelbar darauffolgenden Kreis, desgleichen wie das Geheimnis des Pfeils in dem Ziel liegt, das er verfolgt; und gelänge es uns, ihn bis zu seinem Meisterschützen zurückzuverfolgen, erhielten wir das Geheimnis der Geheimnisse, den zentralen Punkt, der diesen Kreis bestimmt, das Ziel aller Ziele. Aber es heißt, die Entdeckung sei langwierig und daß wir Schritt für Schritt zurückgehen müssen, vom Werkzeug zur Hand, die dieses Werkzeug führt, da wir selbst am Anfang ja dieses Werkzeug gewesen sind: eine kleine vitale Antenne, die um ein Selbst im Leben herumtastet, bevor sie sich als Nachtfalter oder als Tausendfüßler erkennt, eine kleine mentale Antenne, die unerklärlicherweise im Radius eines agilen Selbst vibriert, bevor sie sich als Mensch unter Menschen entdeckt, und dann diese andere, noch undefinierte Antenne, die sich der Sinne und des Denkens zu entschlagen scheint, um uns auf ein anderes, noch größeres Selbst stoßen zu lassen. Bis auf den Tag, an dem wir das Große Selbst erreichen und unsere Erfüllung finden; dann werden wir den Meister aller Werkzeuge gefunden haben und die volle Bedeutung der Reise.

Für uns aber, die wir am Ende des mentalen Kreises stehen, in diesem Zeitalter der Sklaven des Egos und der zweifelhaften Genüsse eines kleinen denkenden Ichs, wie können wir das Geheimnis dessen in Erfahrung bringen, was uns jetzt noch als unbegrenztes und beunruhigendes Nicht-Ich erscheint, vielleicht sogar als destruktiv gegenüber dem, was wir so unverrückbar als Ich kennen?... Um die Wahrheit zu sagen, der Weg entsteht, indem man ihn geht, wie im Urwald. Es gibt keinen Weg, er existiert nicht: man muß ihn bahnen. Und haben wir Blinden gleich die ersten Schritte getan, so stellen wir fest, daß dieses Vortasten uns zu einer ersten Lichtung führt und daß wir die ganze Zeit, selbst in unserem dunkelsten Straucheln, von einer unfehlbaren Hand geleitet wurden, die bereits unsere Tausendfüßler-Wanderungen leitete, da in Wahrheit das Ziel, das wir suchen, bereits in uns liegt, es ist ein ewiges Ziel. Es hat eine jahrmillionenalte Zukunft, die so jung ist wie ein Kind, das gerade geboren wird: es öffnet allem gegenüber die Augen, steht in andauerndem Staunen. Es zu finden, bedeutet in einen Zustand beständigen, höchsten Erstaunens einzutreten, in eine Weltengeburt in jedem Augenblick.

Zumindest haben wir verschiedene Orientierungspunkte, um die ersten Schritte zu tun, und wenn wir uns fragen, wie die Zukunft des Menschen aussieht («fragen», nicht im Sinne des Theoretikers, der sein eitles Netz webt und eine Idee an die andere reiht, allein um ewig dieselbe Geschichte aufzubauschen, sondern im Sinne des Seemannes, der den Kurs für den nächsten Tag bestimmt und sein Kap peilt, weil er eine Passage zu bewältigen hat und die Brecher über die Klippen rollen), dann können wir vielleicht einige Koordinaten entdecken, indem wir den alten animalischen Kreis betrachten, als wir noch die Zukunft des Affen waren.

Das Tier ist einfach. Es geht ganz auf in seinen Krallen, seiner Beute, seinen Sinnen, im Nordwind, der den unmerklichen Geruch des Regens herüberträgt, und in dem Bild einer Hindin zwischen den hohen Gräsern. Ist es nicht mit etwas beschäftigt, so ist es vollkommen ruhig, ohne die leisteste Regung des Zweifels über Vergangenheit oder Erwartung der Zukunft. Es gut genau das, was notwendig ist, in der Minute, in der es notwendig ist. Und was das übrige angeht, befindet es sich in Harmonie mit dem universellen Rhythmus. Als jedoch die ersten Menschenaffen ihre Wälder verließen, war das schon nicht mehr so, sie warfen einen weniger unmittelbaren Blick in die Welt: die Vergangenheit hatte bereits ihr Gewicht und die Zukunft ihre Sorgen – sie waren dabei, die Selbsterkenntnis ersten Grades zu vollziehen, etwas, das wir mit seiner Bürde des Schmerzes und der Irrtümer nur zu gut kennen. Und das, was von der Logik des Affen aus betrachtet als solch eitle und nichtige Übung erschien, wurde zum Grundstein unseres gewaltigen mentalen Gebäudes: alles, selbst Einstein, war darin enthalten, in dieser ersten vollkommen überflüssigen Bewegung. Und am Rand jener anderen Art von Wäldern aus Beton und Titanium befinden wir uns vielleicht vor einem ähnlichen, noch gewaltigeren Geheimnis, ebenso «überflüssig», wenn wir inmitten des Ansturms der Außenwelt einen Augenblick innehalten, diesmal nicht um zu reflektieren, sondern um einen stummen und wie geblendeten Blick auf diese erste Person zu werfen, die denkt, kalkuliert, leidet und kämpft. Hier setzen wir eine seltsame neue Antenne ein, die kaum einen Sinn hat, sich wie in pechschwarzer Nacht vortastet, und die doch das Geheimnis des nächsten Kreises in sich birgt und Wunder, neben denen sich die prächtigen Raketen des 20. Jahrhunderts wie barbarisches Kinderspielzeug ausnehmen. Wir vollziehen die Selbsterkenntnis zweiten Grades; wir schlagen an die Tür des Unbekannten des dritten Kreises und folgen dem Leitfaden der großen Wandlung.

Die Geheimnisse sind einfach, haben wir gesagt; unglücklicherweise machte das Mental sich dies zunutze, wie es sich alles zunutze macht, und stellte es in den Dienst seines mentalen, vitalen und spirituellen Egos. Es entdeckte die Kräfte der Meditation und Konzentration, die subtilen Energien, die höheren Ebenen des Mentals, die gleich dem göttlichen Ursprung unserer Existenz waren, Lichter, die weder vom Mond noch von den Sternen kamen, unmittelbarere und beinahe übermenschliche Fähigkeiten – es erklomm die Leiter des Bewußtseins –, all das aber hatte nichts weiter zur Folge, als eine abgehobene Menschheit weiter abzuheben und zu sublimieren; sie in der Tat so weit zu sublimieren, daß es keinen anderen Ausweg aus diesem Kletterakt mehr zu geben schien als einen letzten verzweifelten Sprung aus der Zerrissenheit der Dualität heraus in den unveränderlichen Frieden der ewigen Wahrheiten. Und einige Seelen mögen «gerettet» worden sein, während die Welt weiter ihre obskure Runde dreht, die immer obskurer wird. Und das, was das Geheimnis der Erde hätte sein sollen, ist zum Geheimnis des Himmels geworden. Die entsetzlichste Kluft aller Zeiten tat sich auf, die finsterste aller Dualitäten schrieb sich in das Herz der Erde. Und genau jene, welche die höchsten Einiger der menschlichen Gattung hätten werden sollen, wurden ihre Zerteiler, wurden die Väter des Atheismus und des Materialismus und all der «ismen», die sich der Welt bemächtigen wollen: Die verhöhnte Erde hat keine andere Wahl, als ausschließlich an sich selbst und ihre eigenen Kräfte zu glauben.

Der Schaden reicht aber noch weiter: Es gibt nichts Klebrigeres als die Lüge, sie haftet selbst dann noch an unseren Fersen, wenn wir uns vom falschen Weg abgewandt haben. Andere sahen klar die irdische Bedeutung der großen Wandlung – z.B. die Zen-Buddhisten, Tantriker, Sufis –, und mehr und mehr kommen desorientierte Geister darauf und auf sich selbst zurück: Nie hat es eine solche Flut mehr oder weniger initiatorischer Schulen gegeben. Der alte Irrtum aber ist hartnäckig (das heißt, um die Wahrheit zu sagen, wir wissen nicht, ob man hier oder irgendwo von Irrtum sprechen kann, denn es offenbart sich jedesmal, daß der sogenannte Irrtum ein verschlungener Umweg derselben Wahrheit ist, um eine weitere Vision ihrer selbst zu erlangen). Es kostete die Weisen jener Zeit und die minder Weisen dieser Zeit soviel Mühe und so viele unabdingbare Voraussetzungen des Friedens, der Askese, der Stille und der Reinheit, ihre mehr oder weniger erleuchteten Ziele zu erreichen, daß sich in unserem unterbewußten Mental der Gedanke wie mit rotglühendem Eisen eingebrannt hat, daß es ohne besondere Voraussetzungen und besondere Meister und mehr oder weniger besondere und mystische angeborene Eigenschaften nicht möglich ist, sich auf diesen Weg zu begeben, oder daß der Ertrag bestenfalls mager ist und nur in Proportion zur aufgewandten Kraft steht. Und selbstverständlich war es ein individuelles Unterfangen, eine hochgestochene Erweiterung reinen Bücherwissens. Diese neue Entzweiung droht schwerer zu wiegen als die vorherige und noch abwegiger zu sein: die Entzweiung in eine unerleuchtete Masse und eine «erleuchtete» Elite, die mit Lichtern jongliert, über die sich alles und nichts sagen läßt, da sie sich durch kein Mikroskop prüfen lassen. Auch Drogen eröffnen einen billigen Eintritt in abgründige Einblicke und blendende Lichter.

Und es fehlt uns noch immer der Schlüssel, der einfache Schlüssel. Dennoch ist da die große Wandlung, die einfache Wandlung.

Die Methode muß einen tiefgreifenden Fehler bergen, angefangen mit einem Fehler im verfolgten Ziel – was wissen wir tatsächlich vom Ziel, wir, die wir in die Materie versunken sind, geblendet durch den Ansturm der Welt? In unserer ersten unmittelbaren Reaktion rufen wir aus: Hier kann es nicht sein, nicht hier! Nicht in diesem Morast, dieser Schlechtigkeit, diesem Lärm, nicht auf dieser obskuren und lästigen Erde, wir müssen ihr unter allen Umständen entfliehen, uns der Bürde des Fleischs und des Lebenskampfs entledigen, uns von dieser schleichenden Erosion befreien, die uns in Tausende von gierigen Nichtsen hinabzuschlingen droht. Und wir erklärten, das Ziel sei über uns, in einem Himmel der freien Gedanken, einem Himmel der Kunst und der Dichtung und der Musik – gleich welcher Himmel, nur nicht mehr dieser beklemmende Schatten! Wir befinden uns auf Erden, einzig um uns die Freizeit unseres Privat-Himmels zu verdienen, sei er buchstabengrau, fromm, malerisch oder schöngeistig: die großen Ferien des endlich freien Geistes. So stiegen wir weiter und weiter auf, poetisierten, intellektualisierten, evangelisierten, warfen alles ab, was beschwerlich sein könnte, errichteten einen Schutzwall eremitischer Kontemplationen, Yogasitzungen in Klausur, privater Meditationen, zogen als neue Zauberer der Spiritualität den weißen Kreis des Geistes, traten mitten hinein, und dort stehen wir nun.

Vielleicht begehen wir aber gerade damit einen ebenso großen Fehler wie der Lehrlingsmensch in seinen ersten Pfahldörfern, der erklärt hätte, daß das Ziel der mentale Himmel sei, den er tastend entdeckte, und daß es nicht in der Widrigkeit seines Alltags läge, in den zu schnitzenden Werkzeugen, den zu fütternden Mündern, den lästigen Fallschlingen, den unzähligen Fangnetzen, sondern in einem fernen Gletscher-Schlupfwinkel oder der australasiatischen Wüste – und der seine Werkzeuge weggeworfen hätte. Und Einsteins Gleichungen hätten niemals das Tageslicht erblickt. Indem der Mensch sein Werkzeug verliert, verliert er sein Ziel; indem wir diese Widrigkeit, Schlechtigkeit, Finsternis, Last des Lebens verlieren, werden wir vielleicht sanft in die Seligkeiten des Geistes entschlafen (?), landen aber weit-weit ab vom Ziel, denn vielleicht liegt das Ziel letztlich hier, genau hier in dieser Grobheit, in dieser Finsternis, in dieser Schlechtigkeit und dieser Last – die nur deshalb grob und finster und belastend sind, weil wir sie für schlecht halten, in gleicher Weise, in der der Menschen-Lehrling seine Werkzeuge für schlecht hielt, unfähig zu sehen, wie die Geste, die den Feuerstein mit der Keule verband, bereits die unsichtbare Verbindung unserer Gedanken mit der Bewegung von Jupiter und Venus herstellte, und wie sich dieser mentale Himmel, in Wahrheit, überall hier unter uns regt und bewegt, in all unseren Gesten und entbehrlichen Akten, so wie unser nächster «Himmel» sich bereits unter unseren Augen regt, lediglich verborgen durch unsere falsche spirituelle Sehweise, gefangen im weißen Kreis eines sogenannten «Geistes», der nichts weiter ist als eine ungefähre Annäherung unsererseits an das nächste Stadium der Evolution. «Das Leben, allein das Leben ist das Terrain unseres Yoga», schrieb Sri Aurobindo.[7]

Und doch ist da die Wandlung, die große Wandlung, so wie sie schon im Pleistozän begann – dieser Augenblick des Innehaltens, die Selbsterkenntnis zweiten Grades –, tatsächlich aber ist die Bewegung, welche sie dem Affen offenbarte, und jene, welche sie dem Spiritualisten der vergangenen (oder verstorbenen) Epochen eröffnete, kein Indiz der einzuschlagenden Richtung: Es besteht keine Kontinuität, das ist eine Illusion! Es gibt keine Verfeinerung innerhalb derselben Bewegung, keine Besserung des Affen oder des Menschen, keine Vervollkommnung des Feuerstein-Werkzeuges oder des Mental-Werkzeuges, keinen stärker forcierten Aufstieg, keinen raffinierteren Gedanken, keine tieferen Meditationen, keine Entdeckungen, die nichts anderes wären als eine Verklärung des Bestehenden, keine Sublimierung der alten Haut, keinen erhabenen Heiligenschein zur Beschönigung der alten Bestie – ETWAS ANDERES, etwas radikal anderes, eine andere Schwelle muß überschritten werden, so radikal verschieden von der unsrigen, wie etwa die Schwelle der Pflanze von der Schwelle des Tieres verschieden war, eine andere Entdeckung des Bereits-Bestehenden, die unsere Welt so völlig verändert, wie die Anschauung des Menschen die Welt der Raupe veränderte – dennoch dieselbe Welt, aber von zwei verschiedenen Blicken betrachtet –, ein anderer Geist, wenn wir so wollen, einer, der so ganz und gar verschieden ist vom religiösen und intellektuellen Geist oder vom großen nackten Geist auf den Höhen des Absoluten, wie das Denken des Menschen verschieden ist vom ersten Zittern der wilden Rose unter der Sonne – dennoch derselbe Geist überall, wenn auch in einer zunehmend größeren Konkretisierung seiner selbst, denn die Bewegung des Geistes vollzieht sich in Wahrheit nicht von unten nach oben, sondern von oben nach unten, und er wird zunehmend dichter in der Materie, denn er ist die eigentliche Materie der Welt, mehr und mehr befreit von unserem falschen Blick als Raupe oder unserem falschen Blick als Mensch oder unserem falschen spirituellen Blick – oder, sagen wir, mehr und mehr wiedererkannt durch unseren wachsenden wahren Blick. Diese neue Schwelle der Sicht hängt vor allem von einem Augenblick des Innehaltens in unserer gewohnten mentalen und visuellen Routine ab – und das ist die große Wandlung, die Selbsterkenntnis zweiten Grades – der Weg aber ist gänzlich neu: es ist ein neues Leben für die Erde, eine andere Entdeckung zu machen; und je weniger wir mit den Weisheiten der Vergangenheit belastet sind, mit vergangenen Höhenflügen, vergangenen Erleuchtungen, ihren Disziplinen und Tugenden, dem ganzen gespreizten Theater der alten Heiligkeiten des «Geistes», desto freier und unbefangener sind wir angesichts der anstehenden Entdeckung und desto unmittelbarer springt uns der Weg wie zauberhaft unter die Füße, als entspränge er gerade dieser totalen Entheiligung.

Der Übermensch, von dem wir sagten, er sei das kommende Ziel der Evolution, ist deshalb in keiner Weise ein äußerster Grad des Menschlichen, eine vergoldete Hypertrophie mentaler Fähigkeiten, genausowenig ist er ein spiritueller Paroxysmus, eine Art Halb Gott in lichtem Glanz, der ein immenses Bewußtsein wie einen gigantischen Schneeball vor sich her rollt und mit Blitzen und fabulösen Phänomenen und «Erfahrungen» um sich schlägt, die den armen Normal-Nachzügler der Evolution vor Neid erblassen lassen. Wahr ist, daß beides möglich ist, beides existiert: es *gibt* prächtige Erfahrungen; es *gibt* übermenschliche Fähigkeiten, die den guten Mann auf der Straße erbleichen lassen würden. Das ist kein Mythos; es ist ein Faktum. Dabei ist die Wahrheit einfach wie immer. Die Schwierigkeit besteht nicht darin, den neuen Weg zu entdecken, sie besteht darin, das zu bereinigen, was den Blick versperrt. Der Weg ist neu, vollkommen neu, er ist noch nie unter menschliche Augen gekommen, nie von den Athleten des Geistes durchlaufen worden und wird doch täglich von einer Million normaler Menschen begangen, die nicht wissen, welchen Schatz sie unter ihren Füßen haben.

Wir theoretisieren nicht darüber, was der Übermensch sei, wir wollen ihn nicht erdenken: wir wollen ihn erbauen, wenn möglich unter Vermeidung der alten Mauern, der alten Lichter, indem wir uns so vollkommen offen wie möglich halten, so getreu wie möglich gegenüber der großen Wandlung der Natur – einfach indem wir vorwärtsschreiten, denn das ist der einzige Weg, es zu tun, *solvitur ambulando.* Selbst wenn wir nicht sehr weit kommen, wer weiß, der Zufall mag uns wenigstens zu einer ersten Lichtung führen, die unsere Herzen, Seelen und Körper mit Sonne erfüllt, denn alles hängt zusammen und alles wird gemeinsam erlöst oder nichts.

Danach werden andere kommen und zu einer zweiten Lichtung gehen.

III

Der Sonnenweg

Es gibt zwei Wege, pflegte Sri Aurobindo zu sagen, den Weg der Anstrengung und den Sonnenweg. Der Weg der Anstrengung ist uns wohl bekannt, er herrschte seit Anbeginn über unser mentales Leben, denn wir streben immer nach etwas, das wir nicht haben oder nicht zu haben glauben. Wir sind Wesen voller Defizite, schmerzvoller Löcher und innerer Leeren, die nach Erfüllung heischen, sich aber nie füllen lassen, denn kaum ist eines erfüllt, kommt ein anderes zum Vorschein und zieht uns erneut in seinen Bann. Wir gleichen einer Abwesenheit von etwas, das nie seine Anwesenheit finden kann, außer in seltenen Sternstunden, die alsbald verlöschen und eine noch größere Leere zu hinterlassen scheinen. Wir mögen behaupten, dieses oder jenes oder wiederum etwas anderes fehle uns, es fehlt aber nur eines in alldem: wir fehlen selbst, es besteht eine Abwesenheit des Selbst. Denn das Selbst, das, was ich in Wahrheit ureigentlich selber bin, ist voll und erfüllt, weil es *ist*: alles übrige vergeht, ist ein einziges Kommen-und-Gehen, *ist* dabei aber in gar keiner Weise. Wie kann das, was ist, ein Bedürfnis nach etwas anderem haben? Das Tier ist vollkommen in seinem animalischen Selbst, und sobald es seine unmittelbaren Bedürfnisse befriedigt hat, befindet es sich im Gleichgewicht, in Harmonie mit dem Universum. Der mentale Mensch lebt nicht in seinem Selbst, obwohl er dies glaubt – er glaubt sogar an die Größe seines Selbst, denn auch dies muß sich ja quantifizieren lassen, wie alles übrige, es muß also kleinere und größere Größen von Selbst geben, mehr oder weniger gefräßig, mehr oder weniger gerissen oder heilig oder erfolgreich; indem er dies tut, bezeugt der Mensch aber seine eigene Schwäche, denn wie kann das, was Selbst ist, mehr oder weniger Selbst sein? Es ist oder es ist nicht. Der mentale Mensch lebt nicht in seinem Selbst: er lebt wie der Maulwurf oder das Eichhörnchen in der Vorratskammer seiner Anschaffungen.

Wo aber ist dieses schwer faßbare Selbst zu finden?... Diese Frage zu stellen heißt an das Tor des nächsten Kreises zu schlagen, heißt eine Selbsterkenntnis zweiten Grades zu vollziehen. Wiederum gibt es nichts darüber zu theoretisieren, was denn dieses Selbst kennzeichne, sondern es experimentell zu entdecken und zu erforschen. Nun, wir haben gesagt, die Methode entfaltet sich im Leben und in der Materie, denn wir können uns gut in unserem Zimmer einschließen und den Lärm der Welt aussperren, wir können uns ihrer Begierden, ihrer Spannungen, ihrer unzähligen Tentakel entziehen und uns alles auf Armeslänge weit vom Halse halten und in unserem kleinen inneren Kreis vielleicht einige Glimmer des Selbst erheischen, Zustände unsäglicher Transzendenz entdecken, in der Minute aber, in der wir die Tür unseres Zimmers öffnen und die Armeslänge Abstand aufgeben, fällt alles auf uns zurück, wie ein Algenvorhang, der sich um den Taucher legt, und wir stehen genauso da wie zuvor, einzig etwas weniger fähig, den Lärm und Schwarm der kleinen Begierden auszuhalten, die auf ihre Stunde warten. Nicht kraft unserer Tugend oder unserer außergewöhnlichen Meditationen befreien wir uns von diesem Vorhang, sondern durch etwas anderes und auf andere Weise. Denn in Wahrheit ist dieses Selbst, das es zu finden gilt, kein Über-Ich oder Super-Ego, es ist etwas ganz anderes. Wir beginnen folglich dort, wo wir sind, und so, wie wir sind, auf der physischen Ebene, auf der wir uns befinden.

Wir heißen Biedermann oder Jedermann, ein juristisches Konstrukt, das uns in die Große Mechanik eingliedert und in einen vagen Stammbaum, von dem wir nicht viel mehr wissen, als daß wir der Sohn des Vaters sind, welcher der Sohn des Vaters war, welcher der Sohn des Vaters war, und daß wir entsprechend der Vater des Sohnes sein werden, welcher der Vater des Sohnes sein wird, welcher der Vater des Sohnes sein wird, und das in aller Endlosigkeit ohne Ausnahme so fort. Und wir kommen und gehen auf dem großen Welten-Boulevard, hier oder dort, in einem Paris, welches mehr und mehr Tokio gleicht, welches mehr und mehr Mexico City gleicht und schließlich allen Städten der Welt gleicht wie ein Ameisenhaufen dem anderen. Wir nehmen zwar den Jumbojet, doch wir begegnen überall uns selbst. Wir sind französisch oder deutsch, aber offengestanden ist das eine Sache der Geschichte oder der Reisepässe, ein weiteres Konstrukt, das uns an diese oder jene Mechanik kettet, und unser Bruder aus Kalkutta oder Rangun durchmißt mit seinen Schritten einen gleichen Boulevard mit der gleichen Frage, unter einer gelben, roten oder orangen Fahne. All das sind Überreste aus der Zeit der Jagdgründe, doch es bleibt nicht viel zu jagen übrig, außer unserer selbst, und wir stehen auch im Begriff, durch die Planierwalze der Großen Mechanik fein säuberlich eliminiert zu werden. Wir fahren die Rolltreppen hinauf und herunter, treffen telefonische Verabredungen und hetzen und hetzen uns für längere Ferien und einen größeren Lebensgenuß wie unser Bruder unter brauner oder gelber Haut: auf französisch, englisch oder chinesisch werden wir von allen Seiten bestürmt und getrieben und sind uns nicht einmal sicher, ob wir das Leben genießen oder ob das Leben uns genießt. Dessen ungeachtet läuft alles weiter und weiter. Doch in alldem gibt es *etwas,* das auf- und absteigt, hin- und herhetzt, und mitunter, für eine Sekunde, entsteht ein kleiner Schrei tief innen: Wer bin ich? Wer bin ich? Wo bin ich selbst? Wo ist dieses Ich?

Und diese kleine Sekunde, so eitel und nichtig in dieser gigantischen Hast, ist der wahre Schlüssel der Entdeckung, der allmächtige Hebel, der nach nichts aussieht – aber die Wahrheit, wohlverstanden, *sieht* nach nichts aus, denn sähe sie wie irgend etwas aus, hätten wir ihr bereits den Hals umgedreht und sie klassifiziert und in die Mechanik eingespannt. Sie ist so leicht, daß sie einem durch die Finger gleitet. Sie ist ein Hauch, der verstreicht und alles erfrischt.

Und die Frage dringt etwas tiefer. Tatsächlich dringt sie nicht tiefer oder intensiviert sich: sie ist wie ein erster Ruf nach Sauerstoff, der uns plötzlich deutlich erkennen läßt, wie sehr wir eigentlich in der Erstickung leben; und tiefere Schichten werden sichtbar, subtilere Deckmäntel zeigen sich. Wir sind sehr wohl Karl Jedermann, dieses legale und nationale Konstrukt, dieses Zahnrad, das nur zu gerne aus der Mechanik aussteigen möchte, aber dahinter – was ist hinter Karl Jedermann? Da ist dieser Mensch, der über den Boulevard geht, der auf der großen mentalen Achterbahn auf- und abfährt, der Tausende und Abertausende von Gedanken wiederkäut, von denen nicht einer wahrhaftig zählt noch seinen Schmerz stillt oder sein Verlangen; da ist das, was der letzte Bestseller dachte, was diese Plakatwand oder jene Schlagzeile in die Welt schreit, das, was der Schulmeister oder der Professor zu sagen hatte und der Freund und der Kollege und der Nachbar – Tausende von Passanten, welche die innere Hauptstraße bevölkern –, wo aber ist der, der nicht vorbeigeht, wo ist der Bewohner unserer Behausung? Da ist die Erfahrung von gestern, die mit dem Unfall von vorgestern zusammenhängt, der mit… ein immenses telekommunikatives Netzwerk mit seinen Schalttafeln, Relais und Direkt-Verbindungen, die in Wahrheit nichts verbinden außer derselben immerwährenden Geschichte, die sich in den eigenen Schwanz beißt, sich immer weiter aufbläht, sich in sich selbst verwickelt und uns eine Summe der Vergangenheit aufstellt, aus der nie die wahre Gegenwart wird, oder eine Zukunft, die nichts weiter ist, als die Addition von einer Million Handlungen, deren Ergebnis gleich Null ist – wo ist die Handlung, die wahre Handlung? Wo ist das Ich dieser Addition, die Minute des Seins, die kein Ergebnis der Vergangenheit ist, der reine Sonnenstrahl, welcher dieser noch mitleidloseren Mechanik entgeht? Da ist das, was die Väter und die Mütter uns mitgegeben haben und die Bücher, die Priester, die Partisanen und der Tumor des Großvaters und die Wollust des Großonkels und das Wohl des einen und das Unwohlsein des anderen; da sind die ehernen Gesetzestafeln, die Du-kannst-das-nicht, Du-darfst-jenes-nicht, Newton und die Kirchen, Mendel und das Gesetz von der Teilung der Keimzelle – was aber keimt darinnen wirklich? Wo ist *der* Keim, der unerwartete reine Samen, der plötzlich aufbricht, das Du-kannst gleich einem plötzlichen Einbruch von Gnade in diese gnadenlose Runde, bedingt durch die Väter unserer Väter im Schoße der mentalen Festung? Da ist der kleine Biedermann, der seinen Boulevard entlangwandert, der tausendmal in der gleichen Straße auf- und abgeht; innen, außen, es ist alles gleich, gleich einem Nichts, das ins Nichts geht, gleich wer in gleich was, Peter oder Paul mit einem kleinen Unterschied in der Krawatte: zwischen dieser Straßenlaterne und der nächsten ist *nichts passiert.* Es ist nichts geschehen, keine einzige Sekunde existierte!

Doch plötzlich geschieht etwas, dort auf dem Boulevard, wie ein Ersticken zweiten Grades. Man hält inne, schaut, was passiert sei. Schaut wohin? Man weiß es nicht, aber man schaut. Mit einem Schlag steckt man nicht mehr in der Mechanik; man steckt nicht mehr drin, ist nie drin gewesen! Man ist nicht mehr dieser Karl Jedermann, ist weder Berliner oder Deutscher noch der Sohn des Vaters noch der Vater des Sohnes, weder seine Gedanken noch sein Herz noch seine Emotionen noch heute noch morgen noch dieses Geschlecht noch irgend etwas von alldem – man ist etwas ganz anderes. Man weiß nicht, was, aber es schaut. Man gleicht einem hohen Fenster, das sich öffnet.

Und dann verstreicht es, und die Mechanik setzt wieder ein.

Legt man sich aber Rechenschaft ab über den Tag, am Abend, allein in seinem Zimmer, betrachtet die Tausende von Gesten und Schritten und Gesichtern, das Kommen-und-Gehen des turbulenten Graus, in dem nichts geschehen zu sein scheint, diesen Tag unter den Tausenden von Tagen, die sich wie ein entvölkerter Halbschatten ausnehmen, so sieht man auf einen Schlag, daß ein kleiner Lichtfunken bestehen bleibt, oh, so winzig, so flüchtig, kaum wie ein Leuchtkäfer, der durch die Nacht streift, und das ist diese einzige kleine Sekunde, in der man innehielt inmitten der Hast, die kleine Sekunde aus Nichts, dieses unselige Straucheln, dieser Gedankensprung, dieser Sprung des Seins – das ist alles, was bleibt, es ist die einzige existierende Sekunde, der einzige bewohnte Augenblick, alles, was *gewesen* ist, in einer Million Minuten wie der Wind.

Von diesem Augenblick an wird das Ersticken sehr intensiv. Es ist, als hätte unser Wesen einen unmerklichen Riß im Dunkeln verspürt, einen Spalt, von dem man noch nicht einmal weiß, daß er lichtdurchlässig ist – und was für ein Licht, wo doch alles im Gegenteil noch schwärzer erscheint als vorher? Und wir kommen wie gegen unseren Willen darauf zurück. Es gleicht einem Hauch eines anderen Sauerstoffs, einer ungreifbaren Veränderung der atmosphärischen Dichte und zugleich einem Feuer, das sich entzündet, ein obskures, schwarzes Feuer, das nichts weiß, außer daß es ein Verlangen hat, ein so dringendes Verlangen nach etwas anderem.

Genug, genug des Denkens, seines Kerzenscheins,
Entfacht, entfacht die Sonnen, die nie vergehen![8]

Karl Jedermann – der wirklich nichts mehr ist, der weniger und weniger etwas ist, dessen Identität sich durch die Poren der Haut verflüchtigt – hält wieder inne, hält immer häufiger inmitten des Ansturms inne, er stellt keine Frage mehr, erwartet keine Antwort mehr: er ist *die* Frage geworden, ein lebendiges Feuer von ich weiß nicht was, eine reine, pochende Frage, eine wachsende Abwesenheit, so brennend und heftig, daß sie fast Anwesenheit wird. Jedermann stoppt hier und da, richtet einen stummen Blick auf diesen Anschlag, jenen Herrn im braunen Anzug, diese Millionen von Menschen wie Schatten; er ist nicht einmal mehr ein Gedanke, nicht einmal mehr ein Gefühl: er steht einen Schritt hinter sich selbst, hinter diesem etwas, das sich bewegt, das auf- und abgeht, diesem Relais von Gedanken und Gefühlen, von Erinnerungen und Begierden, alles gleicht einem gut aufgezogenen Uhrwerk – wie lange schon aufgezogen? –, das sich wieder und wieder abspult, innen, außen, es ist alles gleich. Aber er ist dieser Punkt des plötzlichen Innehaltens, dieser Schrei des Erstickens, dieser blinde Blick des Neugeborenen in einer Welt, die noch nicht zu sein scheint und die doch pocht und sich regt, als sei sie das Allein-Existierende in all dieser Inexistenz. Jedermann befindet sich in einem Niemandsland des Seins, in einem herzzerreißenden Nicht-Ich, mitunter so herzzerreißend, daß diese Zerrissenheit der einzige Punkt des Seins darin ist.

Jetzt das Ödland, jetzt die Stille
Eine nackte schwarze Wand
Und dahinter
Himmel[9]

So betrachtet er wieder den Tag, am Abend, allein in seinem Zimmer, und er sieht diese kleinen Sekunden, die unerklärlich funkeln, die sogar so stark strahlen, als würden sie überfließen und alles, was sie berühren, in ihr Licht tauchen; und der Mann in Braun, das absurde Poster, der Sonnenstrahl auf der Bank sind wie von einem besonderen Leben erfüllt, wie fotografisch im kleinsten Detail festgehalten – sie sind präsent, sie *sind.* Alles andere ist wie Staub, von einer Tundra der Nichtexistenz verschlungen. Und doch war kein Gedanke in ihm, keine Empfindung, keine Erinnerung, nicht einmal ein Ich, vor allem kein Ich, es war gerade die einzige Sekunde, in der er von alldem frei war, Hals über Kopf in ein schwindelerregendes Nicht-Ich gestolpert.

Und jetzt macht der unbestimmte Wanderer eine andere Entdeckung: Diese kleinen Tropfen von Licht, die überall verstreut sind (ist es Licht? Sie gleichen mehr einem plötzlichen Aufbersten in etwas anderes; eine Schwingung, die so rapide ist, daß sie unserer gewohnten Wahrnehmung und unseren gefärbten Übersetzungen entgeht: es schwingt, da ist etwas, das schwingt, gleich einer Note einer anderen Musik, für die wir noch keine Ohren haben, gleich einem Farbstrich eines anderen Landes, für das uns noch die Augen fehlen), diese Punkte einer anderen Intensität, diese Koordinaten einer blinden Geographie erscheinen unzerstörbar. Sie leben und bleiben lebendig, lange nachdem sie verstrichen sind, als könnten sie nie vergehen. Und tatsächlich vergehen sie nicht; sie sind sogar das einzige, was nicht vergeht. Dieser kleine Riß angesichts eines Plakats oder einer Bank, dieses plötzliche Staunen vor nichts scheint seine Intensität zu bewahren; dieser kleine Tropfen von etwas anderem, dieser plötzliche Schrei um nichts scheint fortzubestehen, sich in einem geheimen Schlupfwinkel unseres Wesens einzunisten und dort zu schwingen, und ein Tropfen reiht sich an den anderen, ohne sich jemals zu zerstäuben, ohne sich je zu verlieren, und das wächst und wächst weiter, als hätten wir dort eine unerschöpfliche Reserve, einen Schutzhafen, der sich mehr und mehr anfüllt, einen Akkumulator, der sich nach und nach mit einer anderen Intensität von Kraft auflädt und der wie ein Anfang des Seins ist.

Und wir beginnen den Sonnenweg einzuschlagen.

Wir sind nicht mehr ganz in der Mechanik gefangen, sie mag uns noch das eine oder andere Mal unterpflügen, jedoch nur um uns ihre vernichtende Spannung spüren zu lassen, ihr finsteres Rotieren um nichts, das in nichts greift, das in nichts greift – wir haben einen anderen Sauerstoff zu spüren bekommen, auch wenn dieser sich wie nichts ausnimmt, diese Inexistenz ist nicht mehr auszuhalten, die sich vom einen Ende des Planeten zum anderen bewegt, vom einen Telefon zum nächsten, von einer Verabredung zur nächsten, die wieder und wieder das ewig öde Uhrwerk aufzieht, und es geschieht nie etwas, außer der ewiggleichen, immerwährenden Geschichte mit wechselnden Gesichtern, wechselnden Namen, wechselnden Worten auf diesem Boulevard oder einem anderen – daß es *sei.* Daß zwischen diesem Neonlicht und dem nächsten, zwischen dem dritten Stockwerk und dem vierten, zwischen 9 Uhr und 9 Uhr 30 einer Digitalanzeige, die nichts anzeigt, etwas *sei,* etwas *lebe,* daß dieser Schritt seinen ewigen Sinn erhalte, als sei er der einzige Schritt unter einer Million Stunden der Zeitanzeige, daß diese Geste von jemandem ausgefüllt werde, dieser Zeitungsstand an der Straßenecke, dieser Riß im Teppich, diese Türklingel vor uns, daß diese Sekunde – *diese* Sekunde – ihre einmalige und unveräußerliche Lebensfülle erhalte, als sei sie der einzige Schimmer in den Ewigkeiten der Zeit, oh!, nur nicht dieses umherirrende Nichts im Nichts: daß es sei, daß es sei, daß es sei! ... daß wir uns erinnern, auf immer erinnern, und nicht wie entgeisterte Medusen über die Boulevards gleiten – uns woran erinnern? Man weiß selbst nicht mehr, woran man sich erinnern soll, nur nicht an das Ich oder an die Mechanik und an nichts, was sich wieder ineinander verzahnt – eine klare Erinnerung, die schließlich einem Ruf gleicht, ein brennendes Feuer für nichts, eine kleine Schwingung des Seins, die uns überallhin begleitet und die alles durchdringt, alles erfüllt – jeden Schritt, jede Geste, jede Sekunde –, die sich sogar hinter uns erstreckt, als bewegten wir uns in einem anderen Raum mit diesem kleinen Jedermann vor uns, der hin- und herläuft, aber nicht mehr ganz bei der Sache ist, der sich bereits aus dem Staub gemacht hat, eine andere Luft atmet, ein anderes Lied hört, sich in einem anderen Rhythmus bewegt – es ist fast etwas wie ein Rhythmus der Ewigkeit, so unermeßlich und so sanft. Dann hebt er plötzlich seinen Kopf inmitten der Straße, hebt ihn über den vorbeirasselnden Strom, und sein Blick ist so klar, so leuchtend, beinahe freudenvoll, funkelnd und weit, sonnenerfüllt, er umfaßt alles in einem Blick, so erhaben, so sicher, kristallin: plötzlich königlich. Man ist, es ist!

Man befindet sich auf dem Sonnenweg und ist wie getragen von dieser kleinen wachsenden Schwingung des Seins.

Und es erforderte keine Stille, keine isolierte Zelle, wir mußten uns nicht vor den Tentakeln des Lebens schützen – im Gegenteil, je stärker sie ausgreifen und uns zu ersticken drohen, je mehr das Spektakel und der Taumel des Lebens uns zu betäuben drohen, desto mehr brennt es in uns, desto glühender ist das Verlangen, das und wieder das zu sein, dieses Andere, das schwingt und ohne das man nicht atmen noch leben kann – es auch nur für eine Sekunde zu vergessen heißt, der Erstickung zu erliegen. Wir gehen auf dem Sonnenweg inmitten der Düsternis der Welt – innen, außen, es ist alles gleich, allein oder in der Menge, wir sind für immer sicher, nichts und niemand kann uns das nehmen! Wir tragen unsere geheime Royalität, wohin wir auch gehen, tasten uns in einer anderen Geographie vor, in der sich geheime Häfen auftun und unerwartete Fjorde, Kontinente des Friedens und Ausblicke auf weite unerforschte Meere, die vom Echo eines größeren Daseins widerzuhallen scheinen. Es gibt kein Wollen oder Nicht-Wollen mehr in uns, keinen Druck, dies oder jenes zu erwerben, zu kämpfen, um zu leben, zu kämpfen, um zu werden und zu wissen: wir werden durch einen anderen Rhythmus getragen, der sein spontanes Wissen, sein klares Leben, seine unvorhersehbaren Willensakte und seine blitzartige Wirksamkeit offenbart. Ein anderes Königreich beginnt sich uns zu eröffnen, wir schreiten mit einem anderen Blick durch die Welt, noch ein bißchen geblendet und noch nicht sehr wissend, aber empfindend und wie erfüllt von einer noch ungeborenen Realität, weiter geworden durch eine noch nicht formulierte Erkenntnis – ein stilles, scheues Staunen. Und wir sind vielleicht wie dieser Bruder Affe aus noch nicht so fernen Zeiten, der einen befremdeten Blick auf seinen Wald richtete und auf all die, die so schön klettern, laufen, jagen, die jedoch nicht diese unmerkliche klare Schwingung kennen, dieses fremdartige Wunder, das plötzliche Innehalten, das die Schwerwetterwolken zu zerreißen scheint und das sich so weit, weit ausdehnt in eine Weite, die voller kreativer Möglichkeiten vibriert.

IV

Die Weggabelung

An dieser Stelle tut sich eine Gabelung vor uns auf, und sich für den einen oder den anderen Weg zu entscheiden, zieht ungeheure Folgen nach sich, Folgen, die sich über ein ganzes Leben erstrekken können. Nicht daß der eine wahr, der andere falsch sei, denn uns erscheint letztendlich alles wahr zu sein, weil es ist, aber es ist eine im Werden begriffene Wahrheit, und die Lüge besteht allein darin, zu zögern oder auf einer Wahrheit zu beharren, deren Zweck und Zeit vergangen ist. Sobald wir uns von der Mechanik losgekoppelt haben, sowohl der äußeren als auch der inneren – erstere ist wirklich die Widerspiegelung oder der Ausdruck der zweiten, und sobald wir uns innerlich verändert haben, verändern wir uns zwangsläufigerweise auch äußerlich; wenn wir aufhören, das Leben zu «mentalisieren», wird es aufhören, eine mentale Mechanik zu sein, und es wird ein anderes Leben werden –, beginnt uns ganz wörtlich genommen eine gewisse «Breite» eigen zu sein; nicht mehr an diesem kleinen Schatten zu kleben wie die angebundene Ziege am Pfahl bedeutet, uns in zwei prinzipielle Richtungen bewegen zu können: Wir können den Weg des Aufstiegs vorziehen, uns mehr und mehr verfeinern, uns mehr und mehr der terrestrischen Last entledigen, mit dieser kleinen bezaubernden Leuchtrakete emporschießen, die wir nun in uns zu erahnen beginnen, und freiere Bewußtseinsregionen berühren, schwerelose Weiten erforschen, die höheren Ebenen des Mentals entdecken, die der klaren Quelle von all dem gleichen, was sich hier als Deformation und Annäherung zuträgt, und die das Engelsgesicht dessen sind, was uns hier mehr und mehr als Karikatur erscheint.* Und dies sind verführerische Aussichten, so verführerisch tatsächlich, daß all die Weisen und die etwas eiligen Sucher und selbst diejenigen, die wir heute fortschrittliche Geister oder Genies nennen, sich für diesen Weg entschieden – und das seit Jahrtausenden. Unglücklicherweise fällt es einem, wenn man einmal dort oben angekommen ist, reichlich schwer, wieder in niedere Gefilde hinabzusteigen, und selbst wenn man durch einen humanitären oder karitativen Zug motiviert herabsteigen möchte, stellt man fest, daß den Mitteln aus höheren Höhen hier so gut wie keine Macht zukommt. Es scheint eine unüberbrückbare Kluft zwischen jenem Licht und dieser Finsternis zu bestehen, und das, was wir von dort herabbringen wollen oder können, trifft hier vermindert, verdünnt, verunstaltet, beschwert ein und verliert sich schließlich ganz im großen Morast der Mechanik.

Zu hell waren unsere Himmel, zu fern,
Zu fein ihr ätherischer Stoff,
Zu herrlich und heftig, unser Licht hielt nicht stand,
Die Wurzeln nicht tief genug.[10]

Es ist die uralte Geschichte von Ideal kontra «Realität» – das Ideal realisiert sich unweigerlich, weil es lediglich eine etwas fortgeschrittenere Zukunft ist, der Kurs dorthin aber zieht sich in die Länge, und die Wahrheit erscheint darin wie hintertrieben und verhöhnt. Diesen Kurs gilt es zu verkürzen, diese mangelhafte Vermittlung zwischen den «Gipfeln» und den «Ebenen».

Aber vielleicht befindet sich der «Gipfel» gar nicht dort oben. Vielleicht liegt er überall hier, auf Höhe Null, lediglich verdeckt durch die Mechanik und die aufgehäuften Schichten unserer Evolution wie der Diamant im Gangstein. Ist der aufsteigende Weg der einzig mögliche Ausgang, dann bleibt uns allen nichts übrig, als durch ihn ein für alle Male auszusteigen. Und wenn der Heilige wirklich die letzte Krönung des Affen sein sollte, kann man wohl bezweifeln, ob die Evolution jemals ihr befriedigendes und geseg-

* Der Weg des Aufstiegs ist bereits im Roman *Der Sannyasin* geschildert worden, und die höheren Mental-Ebenen wurden eingehend in *Sri Aurobindo oder das Abenteuer des Bewußtseins* beschrieben.

netes Ziel erreicht und ob die Erde als Ganzes geheiligt wird: Was ist mit den anderen, denjenigen, die sich gegen die Heiligkeit sträuben? Wir halten es für unglaubwürdig, daß die Evolution als letzte Absicht eine moralische Scheidung in Auserwählte und Verdammte vorsieht. Die Evolution ist kein Moralist: sie *ist,* und sie treibt ihren Baum, damit er alle seine Blüten hervorbringe; die Evolution ist kein Asket: sie umfaßt alles in einer üppigen, überfließenden Pracht; die Evolution ist keine Abtrünnige der Erde, denn dann hätte sie niemals auf der Erde begonnen. Die Natur ist nicht zusammenhanglos: sie ist weiser als unsere mentalen Zusammenhänge, weiser selbst als unsere Heiligkeiten.

Doch sie ist langsam, und das ist ihr Fehler.

Wir wollen also den Weg verkürzen. Wir wollen die Evolution beschleunigen, eine gebündelte, konzentrierte Evolution bewirken, dabei aber ihre Methoden berücksichtigen. Und weil die Natur alles umfaßt, folgen wir ihrer Methode, denn sie versucht nicht ihrer selbst zu entfliehen, sondern sie versucht ihren Keim zur Frucht zu entwickeln, also bemühen wir uns, diesen Keim zur Reife zu bringen, das, was bereits innen, außen und überall vorhanden ist, zur Blüte zu treiben. Es kommt nur darauf an, diesen Keim zu finden – und es gibt so viele wilde Keimlinge in der Welt, auch wenn selbst sie ihren Zauber und ihren Nutzen haben. Wir suchen unseren Gipfel also nicht in fernen Höhen, sondern ganz auf dem Grund, denn vielleicht befindet sich unser Geheimnis bereits dort, in der einfachen, unfehlbaren Wahrheit, die eines Tages diesen Keim auf unserer guten Erde auswarf. Dann entdecken wir vielleicht, daß das, was wir suchen, so nah ist, daß es keinen langen Weg zu durchlaufen gibt und keine unüberbrückbare Kluft und keine Übertragungsfehler und kein Zerfließen der Kraft in den Räumen des Bewußtseins und daß die Wahrheit blitzartig und allmächtig in jedem Atom, in jeder Zelle, jeder Sekunde zugegen ist.

Insgesamt handelt es sich also nicht um eine verengende Methode, die alle Hindernisse zurückweist, um unmittelbar in spirituelle Höhen aufzusteigen, sondern um eine globale, allumfassende Methode; keinen jähen Aufstieg, sondern einen Abstieg oder eher ein Enthüllen der überall enthaltenen Wahrheit, bis herab in die Zellen unseres Körpers.

V

Das neue Bewußtsein

Es gibt eine radikal neue Tatsache.

Sie reicht kaum einige Jahre zurück. Sie kennzeichnet einen neuen terrestrischen, vielleicht universellen Anfang. So schlicht und ergreifend, wie das Auftauchen der ersten mentalen Vibration in der Welt der Menschenaffen gewesen sein muß.

Ein Anfang ist seiner selbst nicht bewußt, ist weder blitzartig noch erderschütternd, sondern einfach und tastend, zart wie eine junge Knospe, und man ist sich noch nicht sicher, ob es Schnee von gestern ist, der vorüberzieht, oder ein neuer Atem, so ähnlich und doch so verschieden, der uns mit Staunen und Unglauben erfüllt, als würde man ein Wunder auf frischer Tat ertappen wie ein bestrickendes Lächeln, das erlischt, sobald man es genau ansieht. Ein Anfang, das sind Tausende kleiner beginnender Striche, die kommen und gehen, vorüberstreichen und entschwinden, die auftauchen, man weiß nicht wie und woher, denn sie folgen einem anderen Gesetz, die lachen und spotten, denn sie folgen einer anderen Logik, die zurückkommen, wenn man sie für verloren hielt, die uns beschämen, wenn wir sie ergriffen glaubten, weil sie einem anderen Rhythmus folgen und vielleicht einer anderen Art zu sein. Und dennoch ergeben diese kleinen Züge nach und nach einen Umriß, ein Bild; die kleinen wiederholten Striche bilden ein Ich-weiß-nicht-was, das anders schwingt, das uns verändert, ohne diesen Anschein zu haben, und eine Saite berühren, die sich noch nicht recht ihres Tons bewußt ist, die aber schließlich eine andere Musik ergibt. Alles ist gleich und alles ist anders. Man wird geboren, ohne es zu merken.

Wir können also nicht genau erklären, wie alles vonstatten geht, sowenig wie die Menschenaffen darüber Auskunft geben konnten, was es erfordert, um mit Gedanken umzugehen. Zumindest aber lassen sich einige dieser schwerfaßlichen kleinen Züge beschreiben, läßt sich eine allgemeine Richtung angeben, und wir können mit unserem Reisenden der neuen Welt Schritt für Schritt den Leitfaden einer Entdeckung verfolgen, die mitunter zusammenhanglos erscheint, aber schließlich doch einen Zusammenhang ergibt. Das Land, das wir betreten, ist uns unbekannt, man könnte sogar meinen, daß es unter unseren Schritten entsteht, geradezu durch unseren Blick wächst, als hieße es diese Kurve, dieses beinahe schelmische Leuchten wahrzunehmen, sie ermutigen zu gedeihen und unter unseren Schritten die Punktierung, diese andere Kurve zu zeichnen und schließlich einen bezaubernden Hügel, auf den wir uns mit klopfendem Herzen stürzen. Unser Reisender der neuen Welt ist vor allem anderen ein Beobachter: nichts entgeht seiner Aufmerksamkeit, nicht ein Detail, nicht die geringste Begegnung, die unauffälligste Parallele oder Beziehung – das Wunder entsteht tropfenweise, als läge das Geheimnis im Infinitesimalen. Unser Reisender ist ein mikroskopischer Beobachter. Und vielleicht gibt es keine «großartigen» und keine kleinen Angelegenheiten, sondern einen gleichbleibenden höchsten Fluß, in dem jeder einzelne Punkt so voll von höchstem Bewußtsein und höchstem Sinn ist wie die Totalität des Universums, als sei in Wirklichkeit die Totalität des Ziels in jedem Augenblick enthalten.

Wir haben jedes unbewohnte Gebiet unserer Tage gründlich ausgefüllt – auf daß nichts mehr vage sei –, wir haben die Leere zwischen zwei Taten mit Sinn erfüllt, und selbst unsere Taten werden nicht mehr völlig von der Mechanik beherrscht. Wir können uns unterhalten, telefonieren, schreiben, Leute treffen, doch im Hintergrund von all dem besteht etwas, das weiterhin ist, schwingt, ganz leise schwingt wie das Rauschen eines weit entfernten Meeres, wie das Fließen eines Flusses in der Ferne, und halten wir einen Augenblick inne in unserer Geste, treten wir einfach einen Schritt zurück, befinden wir uns im Nu mitten in diesem so erfrischenden kleinen Fluß, in der Weite der offenen See, dieser leichten Hochebene, und wir gleiten dort hinein wie in die Ruhe der

Wahrheit, denn allein die Wahrheit ist Ruhe, weil sie ist. Alles übrige regt sich, vergeht und transformiert sich. Seltsamerweise aber nimmt uns diese Abweichung oder Verschiebung des Seinszentrums nicht den Zugriff auf das Leben, versetzt uns nicht in einen Traumzustand, den man versucht wäre, als hohl zu bezeichnen; im Gegenteil, wir befinden uns in einem Zustand vollkommener Wachheit – man könnte sogar sagen, daß der Schlafende in dem steckt, der spricht, schreibt, telefoniert – wir befinden uns in höchster Aufmerksamkeit, aber eine Aufmerksamkeit, die sich nicht auf den Ablauf der großen Mechanik richtet, auf das Spiel der Physiognomien, das Kalkül des nächsten Schritts, den Ansturm der Erscheinungen: sie richtet sich auf etwas anderes, als hörten wir gleichsam auf etwas hinter unserem Kopf, auf die schwingende Weite, auf diesen weitläufigen ruhigen Fluß, und mitunter nehmen wir Unterschiede der Intensität wahr, Veränderungen im Rhythmus, plötzliche Empfindungen von Druck, als läge ein leuchtender Finger auf der betreffenden Stelle, richtete seinen Lichtstrahl auf etwas oder lenkte unsere Aufmerksamkeit darauf. So äußern wir einige Worte, ohne zu wissen warum, machen eine Geste oder werden im Gegenteil davon abgehalten, wenden uns hierhin statt dorthin, lächeln, obwohl unser Gegenüber so unangenehm erscheint, oder im Gegenteil entlassen ihn brüsk trotz seines wohlmeinenden Anscheins. Und alles ist vollkommen genau, auf die Sekunde. Man weiß auf das genaueste, was zu sagen oder zu tun ist, wohin es sich zu wenden gilt, um diese Katastrophe zu vermeiden oder um jene Begegnung herbeizuführen. Und zwei Tage oder zwei Stunden später erkennen wir mit Erstaunen den Sinn und die Genauigkeit unserer Handlung. Es ist, als träten wir in die Funktionsweise der Wahrheit ein.

Und eine erste Besonderheit überrascht uns. Jene Anzeichen, die wir aufnehmen, diese Wahrnehmungen oder der plötzliche Druck, haben absolut nichts gemein mit denjenigen, die von oben kommen, wenn man den aufsteigenden Weg verfolgt: es sind keine Offenbarungen, keine Inspirationen oder Visionen oder Erleuchtungen, nicht die Blitz-und-Donnerschläge der höheren Mentalebenen. Sie erscheinen eher als eine sehr bescheidene und materielle Funktionsweise mit Sorge um das kleinste Detail, den geringsten vorüberstreichenden Hauch, diese Straßenecke, jene unwillkürliche Geste und die anderen tausend kleinen Regungen und Bewegungen, fast eine Funktionsweise auf Bodenhöhe.

Zu Anfang ist diese Funktionsweise noch unsicher. Jeden Augenblick werden wir wieder von der alten Mechanik ergriffen, von der Gewohnheit, Gedanken wiederzukäuen, zu urteilen, zu schließen, zu berechnen, und augenblicklich scheint ein Schleier zu fallen, ein Filter schiebt sich zwischen die ruhige Klarheit im Hintergrund und den mühseligen Wirbel vorne: Die Kommunikation ist gestört. Von neuem gilt es einen Schritt zurückzutreten, die großräumige Weite wiederzufinden – und sie ist beunruhigend, sie gibt den Anschein, uns nichts sagen zu wollen, uns vollkommen fallenzulassen, uns ein neutrales Schweigen gegenüberzustellen, eine ununterbrochene Leerstelle gegenüber der Frage, die wir ihr stellen und die doch nach einer sofortigen Antwort heischen würde. Wir geben also wieder nach, kurbeln die alte Mechanik wieder an – nur um festzustellen, daß die innere Leerstelle deswegen entstand, weil es notwendig war, äußerlich unbewegt zu bleiben! Und daß der Augenblick für die Antwort nicht gekommen war. Wir stolpern und beharren, vertrauensvoll, jedoch äußerlich (oder vordergründig) ungeschickt, gerade wenn die äußeren Umstände nach dringlicher Entscheidung und Effizienz verlangen würden, und diejenigen, die nach dem alten Muster des Verstandes vorgehen, finden Grund zu spotten, wie sich auch die Wackersten der Anthropoiden über die Albernheiten des Menschen-Lehrlings lustig gemacht haben: man verfehlt seinen Ast im Sprung. Man fällt und man rafft sich zusammen. Man geht weiter. Langsam, aber sicher jedoch, je mehr unsere «Ent-Mechanisierung» an Grund gewinnt, sich behauptet und vervollkommnet, wird die Kommunikation klarer, werden die Wahrnehmungen richtiger und genauer: man beginnt ein ganzes verworrenes Netzwerk zu entdecken, das uns früher noch als die Folgerichtigkeit selbst erschien. In der ruhigen Klarheit nimmt man eine Vielzahl von Bewegungen wahr, die von unten aufsteigen, von außen eindringen, von anderen übergreifen; ein Geflecht von Schwingungen, eine Kakophonie winzigster Impulse, ein Schlachtfeld, eine Arena, auf der finstere Kombattanten auf- und abziehen, obskure Triebe, schwarze Blitze, mikroskopische Willen, die sich hartnäkkig anklammern. Und auf einen Schlag fällt ein kleiner Tropfen unseres ruhigen Flusses in all das hinein – ohne daß man es wollte, ohne daß man danach suchte, selbst ohne daß man danach rief –, und alles entwirrt sich, glättet sich, verlischt und löst sich auf, und dieses Gesicht dort vor uns, dieser kleine schwierige Umstand, der schier unauflösliche Knoten, der halsstarrige Widerstand verschwindet, schmilzt, entzieht sich, öffnet sich wie durch Zauberei. Ein Anfang der Meisterschaft.

Es handelt sich allerdings um eine kuriose Art von Meisterschaft: sie gehorcht uns in gar keiner Weise! Im Gegenteil, versuchen wir sie für eine Tat einzusetzen, entschwindet sie, zerläuft uns zwischen den Fingern und läßt uns ähnlich dumm dastehen wie den Bildhauer-Lehrling, der die Meißelschläge des Meisters imitieren will: man haut daneben. Vielleicht haut man sich sogar auf die Finger. Und man lernt. Vielleicht lernt man, nicht zu wollen. Aber das ist allerdings etwas komplizierter (komplizierter von unserem Standpunkt aus gesehen, wohl verstanden, denn hier ist alles kompliziert – es ist die Kompliziertheit schlechthin). Tatsächlich ist es einfach. Man erlernt die Gesetzmäßigkeit des Rhythmus. Denn die Wahrheit ist ein Rhythmus.

Sie besteht aus schnellen Strömen, plötzlichen Kaskaden, gemächlichen Strecken, die tief ineinander fließen, einem Meere gleich, das in ein tieferes Meer strömt, gleich einem großen Vogel im unendlichen Blau. Sie hat abrupte Dringlichkeiten, winzige diamantene Punkte, die vorstoßen und eindringen, große weiße Stillen gleich einer Steppe in der Ewigkeit der Zeiten, gleich einem grundlosen Blick, der Leben um Leben durchquert, Ozeane von Schmerz und Mühe, Kontinente des Niemandslands, Wege und Wege des Gebets und der Inbrunst; sie enthält brüske Ausbrüche, zauberhafte Sofortigkeit, eine lange unermeßliche Geduld, die mit jedem Schritt, jeder Geste, jedem Schauder des Seins einhergeht, gleich einem Murmeln der Ewigkeit, das die Minute trägt. Und hinter diesem Augenblick, diesem schwertfallartigen Blitz, dieser weiten Langsamkeit, die ihre Spur des Unendlichen zieht, hinter diesem plötzlich aufbrechenden glühenden Punkt, diesem beherrschenden Wort, dem zwingenden Druck besteht immer etwas wie eine leichte, ruhige Klarheit, eine kristallene Distanz, ein schneeiger Ton, der weite, weite Räume ruhigen Lichtes durchquert zu haben scheint, durch eine Unendlichkeit von klarsichtiger Sanftmut gesickert, in kleinen Tropfen von einer weiten sonnenbeschienenen Prärie herabgeperlt, in der niemand leidet, niemand handelt oder wird – ein weitläufiger Raum, der diesen kleinen Ton trägt, diese Geste trägt, dieses Wort trägt, und die Plötzlichkeit der Handlung entspringt einem unergründlichen Frieden, in dem der Lärm der Zeiten und die Menge der Menschen und der Wirbel der Schmerzen wieder ihren Mantel der Ewigkeit anlegen, lange geheilt, lange geschehen, lange beklagt. Denn die Wahrheit trägt die Welt wie in einem großen Mantel der Sanftmut, wie in einer Unendlichkeit des Himmels, in dem unsere schwarzen Vögel, unsere Paradiesvögel, unsere Schmerzen von hier und unsere Schmerzen von dort, unsere grauen Flügel, unsere rosigen Flügel dahinschmelzen. Alles wird eins, stimmt sich auf diesen Ton ein, alles ist einfach und ohne Fehl, ohne Spur, ohne Zeichen, ohne Zweifel, denn alles fließt von dieser Musik, und diese unendliche kleine Geste verbindet sich mit der kosmischen Dünung, die auf- und niedergehen wird noch lange, nachdem wir nicht mehr sind.

Greift allerdings auch nur eine Minute das «Ich» ein, der kleine Wirbel, das kleine Ich, die kleine beharrende Verhärtung, der kleine Eigenwille, so wird alles automatisch falsch, alles knirscht, gerät ins Stocken und will oder will nicht, zögert, tastet – die augenblickliche Verwirrung: die Folge der Handlung, die Folge von allem, die quälende Erinnerung, diese Spur, die an den Fersen klebt, der Schmerz in allem. Denn es ist nicht genug, im Kopf klar zu sein, überall muß man klar sein.

In dieser ruhigen Klarheit im Hintergrund entdecken wir tatsächlich eine zweite, tiefere Ebene der Wirrnis (es handelt sich entschieden um einen Weg des Abstiegs). Je mehr sich die mentale Mechanik beruhigt, um so deutlicher erkennen wir, wie sehr sie alles überzieht – das ganze Dasein, die geringste Geste, den unmerklichsten Augenschlag, die geringste Schwingung, gleich einer nimmersatten Hydra auf großem Raubzug – und man sieht die seltsame Fauna, die sie verdeckte, in vollem Tageslicht. Das ist keine Arena mehr, sondern ein wimmelnder Sumpf, in dem es von psychologischen Mikroben brodelt: eine Herde winziger Reflexe gleich dem Zucken des Pseudopodiums, halbautomatische Reaktionen, erratische Impulse, Tausende von kleinen Gelüsten und den größeren gesprenkelten Fischen unserer Eigenheiten, unserer eingefleischten Geschmäcke und Abgeschmacktheiten, unsere «natürlichen» Neigungen und das ganze unstimmige Spiel von Sympathien und Antipathien, Vorlieben und Abneigungen – ein Uhrwerk, das bis auf das präkambrische Zeitalter zurückgeht, ein ungeheurer Rückstand der Gewohnheit, sich gegenseitig zu verschlingen, ein mannigfaltiger Taumel, in dem Wahlverwandtschaften kaum mehr als eine Erweiterung der Nahrungswahl sind. Es gibt also nicht nur eine mentale, sondern auch eine vitale Mechanik. Wir begehren und wollen. Unglücklicherweise wollen wir dabei alle möglichen sich widersprechenden Dinge, die sich mit den widersprechenden Willensaußerungen des Nachbarn vermischen, eine blinde Verquickung ergeben, und es läßt sich nicht einmal absehen, ob der Triumph dieses kleinen Willens von heute nicht unsere Niederlage von morgen vorbereitet, noch ob das erfüllte Begehren, die gestrenge und aufrechte Tugend, die erhabene Neigung, der so wohlmeinende «Altruismus», das kompromißlose Ideal nicht ein Desaster gestalten, das schlimmer ist als alle Übel, deren Heilung beabsichtigt war. Diese ganze vitale Kakophonie mit ihren mentalen Aufklebern und Rechtfertigungen, die schön redet und in ihren herrlichen und unfehlbaren Gründen philosophiert, bekennt nun ihre wahre Farbe in der kleinen ruhigen Lichtung, in der wir uns jetzt eingerichtet haben. Und auch hier wenden wir nach und nach die Methode der «Ent-Mechanisierung» an: Anstatt uns in unsere sinnlichen Wahrnehmungen, unsere Gefühle, unsere Vorlieben und Abneïgungen, Sicherheiten und Unsicherheiten zu stürzen, so wie sich das Tier auf seine Krallen verläßt (wenn auch ohne die Instinktsicherheit des Tiers), treten wir einen Schritt zurück, halten inne, lassen die Wildflut verebben, den Reflex, das voreilige Urteil, das mehr oder weniger trübe Gefühl – das heißt, es ist in jedem Fall trübe vor der ruhigen Warte des kleinen klaren Gewässers, das im Hintergrund fließt, im Licht des unbeirrbaren Sonnenstrahls: mit einem Schlag unterbricht es den Rhythmus, das Wasser ist nicht mehr klar, der Strahl fragmentiert. Und diese Brüche, die Störungen, diese disharmonischen Überlagerungen werden zunehmend unerträglicher: es ist, als fehle es einem plötzlich an Sauerstoff, ein Sturz in den Schlamm, ein unerträgliches Erblinden, ein Zerspringen der kleinen Weise im Hintergrund, die das Leben so sanft und weit und rhythmisch machte, gleich einer großen Prärie unter der leisen Berührung eines anderen Passatwinds.

Denn es besteht wahrhaftig ein Rhythmus der Wahrheit dahinter und darum herum und überall, ein weiter, ruhiger Fluß, ein Raum schwereloser Zeiten, in dem die Tage und die Stunden und die Jahre der unwandelbaren Bewegung der Sterne und Monde zu folgen scheinen, auf- und niedergehen wie die Dünung vom Grunde der Zeiten, sich an die ganze Entfaltung anschließen und diese gegenwärtige Sekunde mit einer Ewigkeit des Seins erfüllen.

Wir haben uns in dieser kleinen Lichtung eingerichtet; sie bildet unsere Basis, unsere große klare Freiheit, die überall gilt, unser Himalaja-Schlupfwinkel mitten auf den Boulevards, unsere winzige unveränderliche Weise. Und schließlich werden wir gewahr, daß es nichts zu «tun» oder «nicht zu tun» gibt, einzugreifen oder nicht einzugreifen, zu wollen oder nicht zu wollen, zu beherrschen und zu meistern: es genügt, dazusein, wirklich dazusein, und diesen kleinen Rhythmus in die Dinge, diese kleine Kadenz in die Trübung der Umstände, diesen ruhigen Strahl auf alle Wesen fließen zu lassen. Und alles ordnet sich, richtet sich schlicht und wunderbarerweise, ohne daß man weiß warum, durch die einfache Tatsache, daß man dort *ist*. Es gleicht einem Aufheller von Schatten, einem Kanal der Ordnung, einem Sender des Friedens und der Harmonie, einem Filter der Rhythmen – denn es gibt in Wahrheit kein Übel, keine Feinde, keine Widersprüche: es gibt nur schlecht abgestimmte Rhythmen. Und sind wir selbst stimmig, ist damit alles stimmig – allerdings nicht entsprechend unseren Vorstellungen von Gut und Böse, von Glück und Unglück, von Fehlschlag und Erfolg, sondern gemäß einer anderen Ordnung, die sich nach und nach als unfehlbar und mit großer Weitsicht ausgestattet offenbart – eine Ordnung der Wahrheit.

Und jede Minute wird klar. Jedes Gesicht hinter seinem Schatten, jeder Umstand hinter seinem Aufruhr, jeder Schritt des Zufalls, jeder Unfall, jeder Sturz offenbart seinen Sinn und seinen Kern reiner Wahrheit, der zu werden sucht. So gibt es kein Urteil mehr, keine falschen Reflexe, kein Hasten und keine Spannung, keine Gier, keine Angst, zu verlieren oder nicht zu haben, keine beunruhigenden Unsicherheiten und keine schnell hinterfragten

Sicherheiten: *das* fließt, ist wahr und sucht nur danach, mehr und mehr wahr zu sein, denn die Wahrheit ist die große Sanftmut des Lebens, der Frieden des Seins, die Weite, die Mächtigkeit des Seins, die Präzision der Geste und die Vollkommenheit der Minute.

Wir sind in ein neues Bewußtsein eingetreten, in ein Bewußtsein der Wahrheit.

Und erneut überrascht uns dasselbe Phänomen: es handelt sich nicht um ein erhabenes Bewußtsein gleich demjenigen, das man auf den Gipfeln des Geistes entdeckt, die nichts weiter sind als Paroxysmen des Selbst; es gibt hier keinen Funkenregen, und doch gibt es winzige Funken, die unsere Sekunden mit einer Sanftmut der Ewigkeit bevölkern; keine verblüffenden Unermeßlichkeiten und doch kleine Lichtungen, auf denen man jede Sekunde frei atmen kann; keine kosmischen Visionen, aber kleine Tropfen an Wahrheit, die jeden Punkt mit einem vollkommenen Sinn auszufüllen scheinen; keine Weissagungen, keine Offenbarungen, keine Ekstase, aber einen einfachen klaren Blick, der das bewirkt, was es zu tun gilt, in dem Augenblick, in dem es notwendig ist, und der bescheiden die kommenden Wunder vorbereitet; keine großen Revolutionen, sondern eine kleine Revolution jedes Augenblicks, um eine unsichtbare Sonne im Herzen der Dinge herum; keine großen Ereignisse und keine geringen: eine ebenmäßige Wahrheit, die mit jedem Schritt und jeder Geste wächst. Man könnte fast sagen, ein Wahrheitsbewußtsein der Materie.

Das ist die große neue Tatsache in der Welt. Es ist das neue Bewußtsein, von dem Sri Aurobindo sprach. Es ist der mikroskopische Anfang einer Welt-der-Wahrheit. Und weil sie es nicht gesehen haben (oder weil der Moment dafür noch nicht gekommen war), haben die Weisen früherer Zeiten auf der Suche nach dem Himmel die höchsten Höhen erklommen. Der Himmel aber ist unter uns: er wächst mit unserem Blick, er wird stärker mit jedem Hindernis, jeder Geste der Wahrheit, jeder wirklich gelebten Sekunde, er zeichnet seine anmutigen Hügel unter unseren erstaunten Schritten und schwingt unmerklich in den kleinen Ausbrüchen des Seins, die wir unseren großen Ödländern abgewinnen.

VI
Das Durchbrechen der Grenzen

Wir hatten uns auf die Suche nach dem Selbst inmitten der ganzen inneren und äußeren Mechanik gemacht, hatten ein so großes Verlangen nach etwas, das nicht diese genetische Summe sei, diese legale Fiktion, dieser Lebenslauf, der eher einem Todeslauf gleicht, diese Addition unserer Fakten und Gesten, deren Gesamtergebnis Null ist oder eine ewige Hoffnung auf ich weiß nicht was, dieser Boden der Existenz, der unter unseren Schritten entgleitet und in der Ferne verschwindet, einer anderen Welle entgegen, die nur die mehr oder weniger glückliche Wiederholung derselben Geschichte ist, desselben «Programms», das dem Computer mit den Chromosomen unserer Eltern, unserer Studien, unseren prägenden Jahren und deren Fehlprägungen eingefüttert wird; etwas, das nicht dieser Aktenkoffer sei, den wir überall mit uns herumtragen, nicht das Stethoskop, nicht der Kugelschreiber, nicht die Summe unserer Empfindungen, nicht die Summe unserer immergleichen Gedanken, nicht die Summe von eintausend Gesichtern und Terminen, die nichts ändern in uns und unseren kleinen Inseln des Selbst, das nicht wir selbst ist, sondern eine Million von Dingen, mit denen wir von außen, von der Umwelt, der Unterwelt, dem Himmel und den anderen überschüttet werden – wo ist das Selbst in alldem? Wo bin ich? Und diese Frage wurde so erstikkend, daß wir eines Tages einen Schritt heraus getan haben – einen Schritt ins Nichts, das vielleicht doch etwas ist, das für uns alles war, der einzige Ausweg von dieser bleiernen Insel. Und nach und nach, in dem kleinen Intervall zwischen dem Schatten eines mechanischen Selbst und dem Etwas oder Nichts, das all das betrachtet, sahen wir eine Flamme der Not in uns wachsen, eine Not, die um so intensiver und schreiender wurde, je mehr sich das Obskure in uns, um uns verdichtete, eine Flamme von ich weiß nicht was, die innerhalb dieser erdrückenden Nichtigkeit brannte. Und allmählich sahen wir kleine Blitze des Lichts auftauchen, gleich den ersten vagen Anzeichen einer Morgendämmerung in der Nacht, gleich den Umrissen einer fernen Stadt im Nebel, vage Vorboten, so vage, daß sie Irrlichtern auf einem dunklen Meer glichen, von denen man nicht wußte, ob sie zehn Meter oder zehn Meilen entfernt waren, oder vielleicht nur der Widerschein eines Sterns oder phosphoreszierendes Plankton unter den Wellen. Aber selbst dieses Nichts war bereits etwas in einer Welt von solch unübertroffener Nichtigkeit. So beharrten wir. Die Flamme der Not festigte sich in uns (oder außerhalb von uns oder an unserer Statt?), wurde unser Begleiter, unsere Anwesenheit in dieser Abwesenheit von allem, unser Bezugspunkt, unsere ewig brennende Vertrautheit. Und je mehr sie wuchs, je mehr sie in uns rief, so sehr in diesem brennenden und erstickenden Nichts rief, desto mehr häuften und präzisierten sich die Zeichen, entzündeten sie sich unter unseren Schritten, wie um uns zu zeigen: «siehst du, siehst du», als bewirke bereits das Rufen nach der neuen Welt, daß sie entsteht, als würde etwas antworten. Und die schwach flakkernden Feuer begannen sich langsam zu verbinden, sich zu verstärken und Linien, Koordinaten, Fahrtrinnen zu bilden, und wir betraten ein anderes Land, ein anderes Bewußtsein, eine andere Funktionsweise des Seins – wo aber in alldem liegt das «Ich», wo ist derjenige, welcher besitzt und anordnet, dieser einzige Reisende, dieses Zentrum, das weder dem Affen angehört noch dem Menschen?

Wir haben uns gründlich rechts und links umgesehen: wo ist das Ich, wo bin ich...? Es gibt kein Ich! Nicht eine Spur, nicht eine Runzel Ich, wozu nützt es? Da ist dieser kleine Schatten im Vordergrund, der Gefühle, Gedanken, Kräfte, Pläne einheimste und hamsterte gleich einem Bettler, der Angst hat, bestohlen zu werden, Angst hat, nichts zu haben, der auf seiner Insel hortete und der doch vor Durst umkam, immer Durst hatte, inmitten der schönsten Wasserfläche; der Verteidigungsgräben um sich zog und Festungen errichtete gegen diese Unermeßlichkeit, die zu groß für ihn war. Aber wir haben die bleierne Insel verlassen, haben die Festung aufgegeben, die doch nicht so fest war, wie es schien. Und wir tauchten in einen anderen, scheinbar unerschöpflichen Strom, einen Schatz, der sich unbekümmert verschenkte: denn was müssen wir von dieser Minute zurückbehalten – die folgende Minute enthält einen neuen Reichtum; was gilt es zu denken oder vorherzusehen – das Leben verläuft nach einem anderen Plan, der allen unseren alten Plänen entgegenläuft und mitunter in einem Aufleuchten wie ein Lachen etwas Wundervolles ahnen läßt, eine plötzliche Freiheit, ein vollständiges Entfesseln des alten Programms, eine kleine schwerelose Gesetzmäßigkeit, die zwischen den Fingern zerrinnt, die Tore öffnet, den unausweichlichen Konsequenzen und alten eisernen Gesetzen Hohn spricht und uns für einen verbotenen Augenblick auf die Schwelle eines unvorstellbaren Sonnenlichts versetzt, als wären wir in ein anderes Sonnensystem eingetreten – das vielleicht gar kein System ist –, als hätte das Durchbrechen der mechanischen Grenzen innen ein identisches Durchbrechen der mechanischen Grenzen außen provoziert. Vielleicht deshalb, weil wir uns im Angesicht von ein und derselben Mechanik befinden: die Welt des Menschen ist das, was er von ihr denkt, seine Gesetze sind die Verkettung seiner eigenen Ketten.

Dennoch gibt es eine Logik, in dieser anderen Art zu sein, und eben diese Logik gilt es, wenn möglich, zu begreifen, wollen wir den Übergang in den anderen Zustand bewußt ausführen, nicht nur in unserem Innenleben, sondern auch in unserem Leben außen. Man muß die Regeln des Übergangs kennen.

Offengestanden geben sie sich nicht leicht preis – weil sie zu einfach sind. Man muß es unermüdlich ausprobieren, betrachten, beobachten, und vor allem – vor allem – im Mikroskopischen verfolgen. Und wir nehmen an, daß früher die großen Primaten, die versuchten, Menschen zu werden, das Geheimnis dieses anderen Zustandes nach und nach entdeckten, durch Tausende kleiner Sekundenbruchteile, in denen sie wahrnahmen, daß diese mysteriöse kleine Schwingung, die sich zwischen sie und ihre mechanische Handlung zu schieben begann, die Macht hatte, die Geste und das Ergebnis der Geste umzugestalten: ein nicht-materielles Prinzip begann heimlich die Materie und die Gesetze des Bäumekletterns zu verändern. Und nehmen wir weiter an, sie waren schließlich überrascht von der Bedeutungslosigkeit der Bewegung, die solch weitreichende Folgen auslöste (und ohne Zweifel entging sie ihnen aus diesem Grund so lange, sie war zu einfach): «das» befaßte sich nicht mit weitreichenden Operationen, mit großen Affenangelegenheiten, sondern im Gegenteil mit winzigen Gesten, mit diesem Kiesel, den man zufällig vom Wegrand aufgesammelt und einen Augenblick in der Hand gehalten hatte, oder mit diesem kleinen Sonnenstrahl auf dem jungen Sproß unter den Millionen von derartig gleichen und eitlen Sprossen des Waldes. Diesen Sproß aber und diesen Kieselstein betrachtet man auf eine unterschiedliche Weise. Und in diesem Unterschied liegt alles.

Es gibt also nichts, was zu geringfügig wäre für den Sucher der neuen Welt, und die kleinste Schwankung der inneren Vibration wird sorgfältig notiert, nebst der Geste, die sie begleitet, den Umständen, die folgen, dem Gesicht, das sich im Vorbeigehen zeigt – aber wir sagten mit Bedacht «Vibration»: Gedanken haben damit in der Tat sehr wenig zu tun, sie gehören zur alten mentalen Gymnastik und haben kaum einen größeren Effekt für das neue Bewußtsein als das Bäumeklettern für den ersten Gedanken. Es gleicht eher einer Veränderung der inneren Koloratur, einem Spiel flüchtiger Schatten und Ausbrüchen plötzlichen Sonnenscheins, einem Spiel von Schweben und Schwere, winzigen Änderungen im Rhythmus – abrupten Stößen oder leichtem Fließen, plötzlichem Druck, der unsere Aufmerksamkeit beansprucht, leichte, leichte Momente, Anfälle von Malaise, unerklärliches Absinken. Und es gibt nichts Zweckloses, keinen überflüssigen Sproß im Wald, keine «Hindernisse», nichts, was es auszuschließen gelte, keine ärgerlichen Umstände, ungünstigen Orte, keine unzeitigen Begegnungen, unglücklichen Zufälle – alles ist gut für den Sucher der neuen Welt, alles dient ihm als Übungsfeld... Alles scheint fast *gegeben* zu sein, damit er seine Sache erlerne. Und der Sucher beginnt die erste Regel des Übergangs zu erkennen: Alles führt in die richtige Richtung. Alles unterstützt die Richtung! Es gibt keine Hindernisse, keine Widersacher, keine Widerstände, keine Unfälle, nichts Negatives – alles ist in höchstem Maße positiv, ist uns ein Zeichen, drängt uns der Entdeckung entgegen. Es gibt keine unbedeutenden Details, lediglich Augenblicke der Bewußtlosigkeit. Es gibt keine widrigen Umstände, lediglich falsche Einstellungen.

Wie aber sieht die Einstellung aus, die das neue Bewußtsein entspringen läßt, was für ein Blick ist das, der den ganzen Unterschied ausmacht? Die Einstellung ist einfach, das haben wir schon gesagt: zuerst gilt es sich ganz von der Mechanik loszukoppeln und in dieser Weite im Hintergrund zu leben. Wir sagen «im Hintergrund», aber offengestanden wissen wir nicht so recht, ob es einen Vordergrund, Hintergrund, ein Oben oder ein Unten gibt; es handelt sich einzig um einen Abstand von «uns selbst», dem alten Schatten, eine Art souveräner Haltung abseits, als sei der alte Schatten ein Teil unter vielen anderen eines Bildes, das wir betrachten – *wer* aber betrachtet? Wo befindet sich dieses Selbst, das betrachtet? ... Es ist in der Tat ein seltsames Selbst, das nicht ich selbst ist. Man könnte meinen, dieses «Selbst» sei nicht mehr im Körper, im Zentrum des vitalen und mentalen Spinnennetzes, sondern daß der Körper sich unter vielen anderen Dingen in diesem Selbst befindet. Und je vollständiger das Loskoppeln ist, desto mehr scheint sich das Selbst auszuweiten, scheint viele Punkte zu berühren, scheint fähig zu sein, an verschiedenen Orten gleichzeitig zu leben, ohne Hinderung durch Distanzen, als hinge es nicht mehr von den Sinnesorganen ab, und vielleicht könnte es unzählig hier und dort leben, je nachdem, wohin sich der Strahl richtet... Ein unzähliges Selbst.

Die Grundbedingung scheint also die kleine helle Weite «im Hintergrund» zu sein, dieser wachsende Strom: das Medium muß klar und durchlässig sein, sonst trübt und verzerrt sich alles, es gibt überhaupt keinen Blick mehr, allenfalls das altbekannte Durcheinander. Diese Klarheit allerdings ist nur eine Grundbedingung *für* etwas anderes: das Werkzeug wird für den Gebrauch gereinigt. Und wir kommen auf unsere Frage zurück: Was für eine Art von Blick ist das, der das neue Bewußtsein «ausgräbt»? ... Denn es handelt sich sehr wohl um ein Ausgraben: es befindet sich hier vor unserer Nase, nicht eine Million Lichtjahre entfernt in erhabenen Himmeln oder im Raum. Es ist so nah, daß man es nicht wahrnimmt, es sieht tatsächlich so wenig nach etwas aus, daß man es im Vorbeigehen nicht einmal bemerkt, so wie der Affe tausendmal am Fluß vorbeigeht, ohne den Energiestrom zu bemerken, der seine Welt transformieren könnte.

Unser Blick ist falsch, da er alles durch das verzerrende Prisma seiner Routine betrachtet, und diese ist unzählig und äußerst subtil, sie besteht aus Jahrtausenden von Gewohnheiten, die in ihrer Diabolik genauso verzerrend sind wie in ihrer Weisheit: es sind die Rückstände des Anthropoiden, der Barrieren errichten mußte, um sein kleines Leben, seine kleine Familie, seine kleine Sippe zu schützen, der hier und dort Striche ziehen und Grenzsteine setzen mußte und sich allgemein seines gefährdeten Lebens zu versichern hatte, indem er es zu einem Panzer individuellen und kollektiven Egos verhärtete. So gibt es Gut und Böse, Richtig und Falsch, Nützlich und Schädlich, Erlaubtes und Verbotenes – und langsam, aber sicher verstrickten wir uns in ein gigantisches polizeiliches Netzwerk, in dem wir kaum mehr die spirituelle Freiheit zu atmen haben; und selbst diese Luft ist verschmutzt von zahllosen Dekalogen, die knapp einen Schritt über der karbonmonoxydverschmutzten Luft unserer Maschinen liegen. Kurz, wir sind ständig damit beschäftigt, die Welt zu «berichtigen». Uns dämmert allerdings die Erkenntnis, daß unsere Berichtigungen so ganz richtig nicht sind. Nicht einen Augenaufschlag lang legen wir unsere bunten Gläser ab, durch die wir die Dinge mit dem Blau unserer Hoffnung, dem Rot unseres Verlangens, dem Gelb unserer Moralvorschriften und vorgefertigten Gesetze und dem Schwarz oder endlosen Grau unserer bis in alle Ewigkeit laufenden Mechanik färben. Der Blick – der wahre Blick –, der die Macht haben wird, uns vom mentalen Bann zu lösen, ist deshalb jener, der sich klar auf die Dinge richten kann, ohne sie augenblicklich zu «berichtigen»: sich auf das Gesicht, den Umstand, den Gegenstand zu richten, so wie man seinen Blick in die Weite des Meeres schweifen läßt, ohne etwas zu wissen oder verstehen zu wollen – vor allem nichts verstehen zu wollen, denn das ist noch immer die alte Mechanik, die alles verhärten will –, sich von dieser ruhigen fließenden Unendlichkeit tragen zu lassen, in dem, was man sieht, zu baden, in den Dingen zu fließen, bis langsam, wie aus weiter Ferne, wie vom Grunde des Meeres, eine Wahrnehmung der betrachteten Sache, des beunruhigenden Umstands, des Gesichts vor uns auftaucht; eine Wahrnehmung, die kein Gedanke ist, kein Werturteil, sogar kaum eine Wahrnehmung, sondern wie der Tenor, die wesentliche Schwingung der Sache, ihre besondere Seinsart, ihre Seinsqualität, ihre intime Melodie, ihre Beziehung zum großen Rhythmus, der überall fließt. Dann wird der Sucher der neuen Welt langsam einer Art kleinen Funkens reiner Wahrheit gewahr, der im Herzen der Dinge, des Umstands, des Antlitzes, des Unfalls brennt, ein kleiner Schrei wahren Seins, eine wahre Schwingung unter all der schwarzen, gelben, blauen und roten Verkleidung – etwas, was die Wahrheit jeder Sache, jedes Wesens, jedes Umstandes, jedes Unfalls ist, als sei die Wahrheit überall, in jedem Augenblick, in jedem Schritt, lediglich verschleiert durch das Schwarz. Somit berührt der Sucher die zweite Regel des Übergangs und das größte aller einfachen Geheimnisse: Betrachte die Wahrheit, die überall ist.

Mit diesen beiden Regeln gewappnet, fest verankert in seiner sonnenhaften Stellung, dieser schweigsamen Lichtung, bewegt sich der Sucher der neuen Welt innerhalb eines größeren, vielleicht unendlichen Selbsts, eines, das diese Straße genauso umfaßt wie die Wesen und all die kleinen Gesten der Stunde; er bewegt sich ruhig, wie getragen von einem großen Rhythmus, der die Wesen und all die Dinge seiner Umgebung ebenfalls trägt, die Tausenden von Begegnungen, die von man weiß nicht woher entspringen und in der Ferne verschwinden; er betrachtet diesen kleinen einherschreitenden Schatten, der schon seit so langer Zeit auf dem Weg zu sein scheint, der vielleicht seit vielen Existenzen und Leben auf dem Weg ist, dieselben unbedeutenden Gesten wiederholt, hierhin und dorthin stolpert, dieselben modischen Parolen wechselt, und alles ist sich so ähnlich, so von Sanftmut durchdrungen, daß diese Straße und die Wesen und die verstreichenden Begegnungen in einem gleichen Fluß zu verschmelzen scheinen, der aus den Gründen der Nacht ersteigt, zurückgekehrt aus einer selben, gleichen Geschichte, unter dem Himmel Ägyptens oder Indiens oder der Loire, heute oder gestern oder vor fünftausend Jahren – und was hat sich wirklich verändert? Da ist dieses kleine Wesen, das mit seinem Feuer der Wahrheit voranschreitet, mit seinem so intensiven Feuer der Not im Ansturm der Zeiten – ein Feuer, das ist vielleicht alles, was ihn wirklich ausmacht; ein Appell zu sein, aus dem Grunde der Zeiten; ein immergleicher Schrei im ungeheuren Fluß der Dinge. Und nach was ruft dieses Wesen, was schreit es? Befindet es sich nicht in diesem unermeßlichen wachsenden Sonnenlicht, in diesem Rhythmus, der alles trägt? Es ist und ist gleichzeitig wieder nicht, es steht mit einem Fuß in einer ruhigen Unendlichkeit und der andere strauchelt, tastet umher – der andere in einem kleinen Selbst aus Feuer, das diese Sekunde der Zeit, diese nichtige Geste, diesen Schritt unter all den Tausenden von gleichen Schritten mit einer Fülle wahrer Existenz erfüllen möchte, so voll wie die Jahrtausende zusammengenommen, mit einer so notwendigen Präzision wie die Ellipsen der Sternenbahnen über seinem Kopf, auf daß alles wahr sei, wahr, gänzlich wahr und voll von Sinn in diesem maßlosen Wirbel eitler Nichtigkeiten; auf daß diese Linie, die er überschreitet, die Straße, die er kreuzt, diese ausgestreckte Hand, das gerade gesprochene Wort sich mit dem großen Fluß der Welten verbinde, mit dem Rhythmus der Sterne, mit den Linien, den unzähligen Linien, die dieses Universum durchfurchen und einen alles umfassenden Gesang ergeben, eine volle Wahrheit erfüllt mit dem Ganzen und jeder Parzelle des Ganzen: So betrachtet er all die vorbeistreichenden kleinen Dinge und erfüllt sie mit seinem Feuer des Appells, er sieht und betrachtet diese kleine Wahrheit, die überall ist, als würde sie, durch sein Feuer entfacht, ins Sein gerufen werden.

Und die Welt beginnt sich tatsächlich unter unseren Augen zu verändern, und nichts mehr ist bedeutungslos, nichts mehr ist vom Rest getrennt. Wir sind Zeugen einer großen totalen Geburt. Unser einfacher Blick erhält seltsame Fortsetzungen, unsere kleine Geste ein Echo, das wider- und widerhallt. Aber auch hier ist es eine verhaltene, scheue Geburt, kleine verstreute Anzeichen einer Geburt. Der Sucher steht verblüfft vor den vereinzelten Zeichen kleiner Ausbrüche, Fakten ohne erkennbaren Zusammenhang, nicht unähnlich dem Hominiden der Vorzeit, der diesen biegsamen Ast und jene Liane betrachtete und dann dieses verlorene Stück Feuerstein, bevor er sie zu Pfeil und Bogen vereinigte und seine Beute in vollem Lauf erlegte. Er kennt die Zusammenhänge nicht – sie müssen beinahe erfunden werden. Unsere Erfindungen aber sind einzig die Entdeckung von bereits Vorhandenem, wie der Fluß oder die Liane im Wald. Eine neue Welt ist die Entdeckung neuer Zusammenhänge. Jetzt befinden wir uns im

Zeitalter der Selbsterkenntnis zweiten Grades, und die Erfindung, die wahre Erfindung, ist nicht mehr diejenige, die zwei materielle Gegenstände durch das subtile Phänomen eines Gedankens in Beziehung zueinander setzt, die wahre Erfindung vermag dieselbe Materie mit den subtileren Phänomenen eines zweiten Bewußtseinsgrades in Verbindung zu setzen, schweigend und ohne Gedanken. In unserem Zeitalter geht es nicht mehr darum, die Materie durch Materie zu vervollkommnen, sie durch Hinzufügen weiterer Materien zu vermehren – wir ersticken doch bereits unter dem monströsen Überfluß, der uns fesselt und der letztendlich nichts als eine «Verbesserung» der Methode des Affens ist –, sondern die Materie durch diese subtilere Macht zu transformieren, oder besser, vielleicht, sie dazu zu bewegen, ihre eigene Macht der Wahrheit zu offenbaren.

* * *

Unter den Tausenden von mikroskopischen Erfahrungen, von denen man kaum weiß, ob es Erfahrungen, Zufälle oder Einbildungen sind, ist es schwierig, Beispiele auszuwählen. Und doch wiederholen sie sich, beharren, als würde ein unsichtbarer Finger aus Licht unseren Schritten eine Richtung weisen, diese Geste prüfen, subtilen Druck auf diesen oder jenen anderen Punkt ausüben, bis wir verstanden haben. Dann läßt der Druck wieder nach, und man schreitet fort zu einem anderen Punkt, der wieder und wieder mit der gleichen Beharrlichkeit auftaucht. Eine Erfahrung besteht aus Tausenden von Erfahrungen, die ihrer selbst noch nicht bewußt geworden sind: es gibt keine Patentrezepte oder Gebrauchsanweisungen; der einzige Weg besteht im Gehen, im Stolpern und Weitergehen, bis es auf einen Schlag zu einem kleinen Ah! kommt, das eintausend Löcher stopft.

Die Erfahrungen sind zweifach, positiv und negativ, und sie beginnen bei der kleinen subjektiven Einheit, die wir darstellen, und erstrecken sich bis zu der großen objektiven Einheit, in der wir uns bewegen. Dann kommt ein Punkt, an dem die Subjektivität mit der Objektivität verschmilzt, die kleine Materie mit der großen Materie, und alles folgt einer einzigen Bewegung. Dies ist das Durchbrechen der Grenzen.

Der andauerndste und häufigste unter den unzähligen kleinen Ausbrüchen am Anfang ist das gegenseitige Durchdringen oder Verschmelzen von innen und außen, allerdings im umgekehrten Sinne der Abläufe materialistischer Mechanik. Dort resultiert ein Schlag auf die Finger aus einer Störung unserer inneren Substanz, hier provoziert eine Störung unserer inneren Substanz einen Schlag in der Materie. Und diese Erfahrung wiederholt sich an Tausenden von Beispielen und in allen Etagen unseres Wesens, um uns den Prozeß wirklich klarzumachen. Zunächst ist sie negativ, packt uns an unserer schwächsten Stelle, als sei der Fehler immer ein Tor zu einer größeren Wahrheit. Wir haben also wieder einmal unsere kleine Lichtung verlassen, wurden wieder von der Mechanik auf den Haken genommen (man sollte eher sagen, vom Schmerz, denn es handelt sich wirklich um ein schmerzhaftes Selbst), und alle Lebensumstände beginnen sich verstohlen zu verändern, mitunter auch auf eklatante Weise, die bis zu einem physischen Unfall führen kann. Und doch gab es dabei keinerlei böse Gedanken, keine alte Begierde, keine aufgeregte Unzufriedenheit: es gab nichts als ein unmerkliches Übergleiten in alte Seinsgewohnheiten unter dem Gewicht innerer Angst, eine Verdunklung, scheinbar ohne äußeren Anlaß, ein Verlust des kleinen hellen Strahls. Und alles fängt an zu knirschen, nichts ist mehr stimmig, trifft sich, die Gesten sind unangebracht, der Fuß verfängt sich in der Tür: man fällt in eine Art zähe Anstrengung zurück, als würden wir ständig vergeblich gegen eine schwere, feste Mauer drücken. Dann hält man einen Augenblick inne, stellt das Schweigen wieder her, tritt einen Schritt zurück, entzündet erneut das Feuer der Not, das wirklich einem Schrei des Erstickens gleicht, und alles lüftet sich plötzlich, wird leichter, entspannt sich – die Mauer ist gefallen. Man hat wieder im weiten Raum Fuß gefaßt, den Rhythmus, die leichte Musik auf dem Grunde aller Dinge wiedergefunden; und alle Umstände beginnen unmerklich in eine andere Richtung umzuschwingen, unerwartet, leicht, ungewollt, voll verstreuten kleinen Lächelns, das hier oder dort auszubrechen scheint und uns Zeichen gibt. Mitunter gleicht es sogar einer wunderbaren Anordnung winziger Wunder allerdings, die nicht die Eitelkeit besitzen, mit ihrer Macht zu protzen, die nicht einmal Wert darauf legen, erkannt zu werden, und die schlicht lächeln, wenn wir sie ertappen, wie um uns zu sagen: sieh, wie albern du bist!

Und tatsächlich fühlt man sich ziemlich albern, betritt plötzlich eine unglaubliche Landschaft, in der sich gleichsam überall kleine lebendige Lichter entzünden, phantastische leichte Lichter, mit einem wonnigen, schelmischen Augenzwinkern, als öffneten sich auf allen Seiten Türen, Tropfen flüssiger Schätze glitzern überall, und alles scheint plötzlich einem anderen Gesetz zu folgen, in einem anderen Rhythmus zu leben, als hätten unsere Augen über Jahrtausende falsch gesehen und sähen nun richtig, die Welt wird wahr, alles offenbart sich, alles ist eine Offenbarung! Es genügte fast zu sagen: «So ist es!», auf daß die Umstände genauso werden, wie wir es in dieser Sekunde sahen, sie gehorchen unserer Angabe, gehorchen ihr unerklärlicherweise, als wäre es eine perfekte augenblickliche Übereinstimmung zwischen der Materie und dem Augenblick, der sich in uns öffnete – alles ist möglich, alles wird möglich. Man könnte an ein Wunder glauben, aber es ist kein Wunder, es gibt keine Wunder, sondern einzig Zusammenhänge, die wir nicht erkennen. Und die Erfahrung wiederholt sich, damit wir sie gründlich begreifen: sie ist launenhaft, verflüchtigt sich, wenn wir sie fassen wollen; sie rührt von etwas anderem her. Und wir kommen wieder und wieder auf dieses Andere zurück, das nach nichts aussieht, das einfach ist wie ein Lächeln, leicht wie der Wind, einwilligend wie eine Blume unter der Sonne – vielleicht ist das die vollkommene Einwilligung: eine Art Zustimmung voller Sonne, zu allem, in jedem Augenblick? Immer aber ist es wie ein plötzliches inneres Aufblühen, etwas, das sich öffnet und das augenblicklich und unmittelbar mit der Materie kommuniziert, als wäre der Punkt der Wahrheit in uns mit denselben Punkten der Wahrheit in der Materie in Verbindung getreten, hätte sie berührt: es fließt ohne Trennung, und das «das» hier in diesem Punkt von «ich» will wird auch in jenem anderen Punkt der Materie gewollt, denn beides ist ein und dieselbe Substanz, ein und derselbe Wille, ein und dasselbe globale Selbst, ein und derselbe Rhythmus. Fabelhafte Horizonte eröffnen sich uns, für eine Sekunde, dann entziehen sie sich wieder. Der Sucher ist auf ein scheinbar ungreifbares Geheimnis gestoßen, das im Kern das Wunder der neuen Welt mit ebensolcher Unfehlbarkeit enthält, wie der erste Gedanke des Primaten im Kern die Wunder Einsteins enthielt – ein freies Wunder allerdings, völlig losgekoppelt und unabhängig von allen äußeren Mechanismen, eine Art spontanes Entspringen aus dem Innern. Er hat den Finger auf die dritte goldene Regel des Übergangs gelegt: von innen nach außen. Das Leben ist nicht mehr das Ergebnis der Manipulation äußerer Phänomene, der Summierung und Kombination der Materie durch die Kraft der mentalen Mechanik, sondern die Entfaltung eines inneren Phänomens, das die Wahrheit der Materie kraft der inneren Wahrheit handhabt – eine Entfaltung der Wahrheit, in der Wahrheit und durch die Wahrheit.

Und wieder überrascht uns ein ähnliches Phänomen: Diese kleinen flüchtigen Ausbrüche haben nichts mit «großen Dingen», sensationellen und welterschütternden Menschenangelegenheiten zu tun: es sind bescheidene Wunder, man kann sagen, minutiöse Wunder im Detail, als läge der Schlüssel in diesem Kleinklein des dahinstolpernden Alltags, auf ebener Erde, überrascht, als wöge in Wahrheit ein Sieg in einem unendlich kleinen Punkt der Materie schwerer in Konsequenz als alle interplanetarischen Reisen und ungeheuren Revolutionen der Menschen zusammengenommen (die letztlich gar nichts revolutionieren).

Diese neue Funktionsweise erscheint in der Tat radikal neu; sie ähnelt in nichts den sogenannten spirituellen oder okkulten Kräften, die man durch das Erklimmen der Bewußtseinsleiter erlangen kann; es handelt sich nicht um prophetische Kräfte, auch nicht um Heilkräfte, Kräfte der Levitation – die tausendundeins armseligen Kräfte, die niemals die Armseligkeit der Welt heilen konnten –, es handelt sich nicht um glanzvolle Leuchtfeuer, die sich für einen Augenblick der Sicht der Menschen aufzwingen, nur um sie im nächsten wieder ihrem Ursprungszustand zu überlassen, halb schlafend und an Krebs leidend; keine knappen Eingriffe von oben, die den Gesetzen der Materie Hohn sprechen, um sie im nächten Moment in ihre schwerfällige, widerspenstige Halsstarrigkeit zurückfallen zu lassen. Es handelt sich um ein neues Bewußtsein – neu, durch und durch neu wie ein junger Sproß am Weltenbaum –, eine unmittelbare Macht, von Materie auf Materie wirkend, ohne höhere Eingriffe, ohne langwierige Umwege, ohne entstellende Zwischenträger oder abschwächende Entfernungen.

Die Wahrheit hier antwortet der Wahrheit dort, augenblicklich und automatisch. Es ist ein globales Bewußtsein, unzählig und infinitesimal der Wahrheit jedes Punktes, jeder Sache, jedes Wesens, jedes Augenblicks bewußt. Man könnte es ein göttliches Bewußtsein der Materie nennen, dasselbe, welches eines Tages diesen Samen auf unserer guten Erde auswarf und all die Millionen wilder Samen und die Millionen Sterne, sich vollkommen und in jedem Moment aller Grade seiner Entfaltung bewußt, bis in das kleinste Kelchblättchen – alles stimmt, wenn man sich auf *das* Gesetz einstimmt. Denn in Wahrheit gibt es nur ein Gesetz, das Gesetz der Wahrheit.

Die Wahrheit ist die höchste Wirksamkeit.

VII

Das Feuer der neuen Welt

Was aber ist dieses neue Bewußtsein, das plötzlich im gesegneten Jahr 1969 unserer Evolution auftrat? (Bleibt zu bedenken, ob nicht schon viele gesegnete Jahre unter den Trümmern der Erde verschwunden sind, und andere menschliche Zyklen, die denselben Punkt erreichten, an dem wir heute stehen, und die vielleicht aus denselben Gründen vernichtet wurden, die uns heute bedrohen – sind wir der höchste Gipfel der großen evolutionären Woge oder schlicht die n-te Wiederholung eines Versuchs, der schon viele Male unternommen wurde, hier oder in anderen Universen?) Vielleicht ist dieses neue Bewußtsein schließlich gar nicht so neu, sondern ist lediglich für uns neu geworden und in das Feld praktischer Verwirklichung eingetreten an dem Tag, an dem es uns gelang, eine Verbindung mit ihm herzustellen – vielleicht sollte man sagen, eine neue Verbindung. Denn vielleicht handelt es sich seit Ewigkeiten, seit dem Beginn der Zeiten, hier oder auf anderen Erden, um etwas ewig Gleiches, zu dem wir gemäß unserer Vorbereitung unterschiedliche Bezüge herstellen. Das, was dem Orang-Utan entlegen und göttlich erschien, ist für uns bereits nah und weit weniger göttlich; doch die Götter der Zukunft bleiben noch zu erobern, und es bleibt ein Ewig-Mehr zu verkörpern. Dieses Ewig-Mehr ist der Sinn der Evolution und der schlecht begriffene «Gott», dem wir als Orang-Utan entweder in religiöser oder in wissenschaftlicher Form nachstreben, und vielleicht wäre es für ihn und uns besser, ihn nicht zu taufen. Es handelt sich um ein gleiches Etwas, das immer da, immer gegenwärtig ist – nur gibt es Bruchpunkte innerhalb der Arten, Momente der Annäherung an einen anderen Zustand oder eine andere Beziehung. Es ist einfach evident, daß das Chamäleon, wenn es sich selbst überlassen bleibt, sich nichts anderes vorstellen kann (vorausgesetzt, es stellt sich etwas vor) als ein Super-Chamäleon, ausgestattet mit prächtigeren Farben und behenderen Möglichkeiten des Beutefangens, und ein Maulwurfskönig würde nur seine Gänge und Vorratskammern erweitern – das heißt genau das, was wir derzeit im Menschlichen tun. Was also ist dieser «Fluchtpunkt» zu etwas anderem, was ist dieser «Moment der Vorstellung», in dem wir in ein Anderswo eintreten, das immer gegenwärtig war, in etwas anderes, das immer das gleiche war, allein anders betrachtet und aufgenommen?

Glaubt man der materialistischen Mechanik, so kann aus einem System nichts hervorgehen, das nicht bereits in ihm enthalten ist, es handelt sich also einzig darum, das zu vervollkommnen, was in dem kleinen Ballon vorhanden ist. In gewisser Hinsicht hat sie damit recht, es läßt sich allerdings fragen, ob ein vervollkommneter Esel jemals etwas anderes ergeben kann als einen Esel? Es möchte scheinen, daß das geschlossene System der Materialisten zur definitiven Dürftigkeit verurteilt ist und daß sie sich, indem sie alles auf einen Entwicklungsgrad der Chromosomen und auf die Vervollkommnung der grauen Substanz zurückführen, zu einer Super-Mechanisierung der Mechanik verdammt haben, von der sie ausgegangen sind (aus der Mechanik kann nur Mechanisches entstehen) – weder der Affe noch der Maulwurf, noch das Chamäleon tun allerdings etwas anderes, sie fügen hinzu und ziehen ab, und unsere Mechanik ist grundsätzlich nicht fortgeschrittener als die ihre, selbst wenn sie fähig ist, einige Feuerwerkskörper auf den Mond zu schießen. Kurz, wir sind perfektioniertes Protoplasma mit umfassenderen Fähigkeiten, uns breit zu machen, und etwas ausgekochteren (?) Tropismen, und bald werden wir in der Lage sein, alle nötigen Faktoren zu berechnen, um einen biologischen Napoleon und Einstein aus dem Reagenzglas zu züchten. Und trotz alledem wäre unsere Erde mit Legionen von Lehrtafeln und Super-Generälen, die nicht mehr wissen, wohin sie dirigieren sollen, auch nicht glücklicher – sie würden sich aufmachen, andere Erdkörper zu kolonisieren... und sie mit Tafeln füllen. Man kann dem System per Definition nicht entrinnen, denn es ist ganz und gar geschlossen.

Wir schlagen einen besseren, weniger verarmenden Materialismus vor, und wir halten die Materie für weniger dumm, als man gemeinhin behauptet. Unser Materialismus ist ein Überbleibsel aus dem Zeitalter der Religionen, man könnte fast sagen, ihr unvermeidliches Pendant, wie Böse und Gut, Weiß und Schwarz und all die Dualitäten einer linearen Sichtweise der Welt, die immer nur ein Grasbüschel nach dem anderen aufnimmt, einen Kieselstein hinter einer Mulde, und die Gebirge vor der Ebene errichtet, ohne zu verstehen, daß all das zusammen in gleicher Weise und vollständig wahr ist und eine vollkommene Geographie bildet, in der kein Loch gestopft, kein Kieselstein entfernt werden kann, ohne dadurch alles übrige zu verarmen. Es gibt nichts zu unterdrücken, es gilt alles in der umfassenden Wahrheit aufzunehmen; es gibt keine Widersprüche, sondern einzig begrenzte Sichtweisen. Wir sagen also, daß die Materie – unsere Materie – zu größeren Wundern fähig ist als all den mechanisierten Wundern, die wir ihr mit Gewalt abzutrotzen versuchen. Die Materie läßt sich nicht ungestraft vergewaltigen, sie ist bewußter, als wir glauben, weniger verschlossen als unsere mentale Festung – sie läßt vieles über einen Zeitraum gewähren, denn sie ist langsam, dann aber nimmt sie mitleidlos Rache. Man muß lediglich den Hebel kennen. Wir haben versucht, ihn zu finden, diesen Hebel, indem wir sie wissenschaftlich oder religiös zerlegten; wir haben Mikroskope und Skalpelle erfunden und immer mehr Mikroskope, die immer tiefer eindrangen, mit stärkerer Vergrößerung sahen und ein Kleinstteilchen nach dem anderen entdeckten, und dann ein noch kleineres, das jedesmal der begehrte Schlüssel zu sein schien, aber lediglich die Tür zu einem anderen noch kleineren öffnete und derart die Grenzen immer weiter zurückdrängte, und jede Grenze war von einer anderen Grenze umgrenzt, die von einer weiteren umgrenzt wird; und der Schlüssel entging uns immer noch, auch wenn er uns zwischendurch einige Ungeheuer eröffnete. Wir beobachteten in immer stärkerer Vergrößerung eine Ameise, die nicht aufhörte sechs Beine zu haben, allen Super-Säuren und Super-Partikeln, die wir in ihrem Verdauungstrakt entdeckten, zum Trotz. Vielleicht werden wir fähig sein, eine andere Ameisenart zu fabrizieren, vielleicht eine mit nur drei Beinen – welch Fortschritt! Wir brauchen keine andere Ameisenart, wie auch immer verbessert: wir brauchen etwas Anderes. Auch religiös haben wir versucht, diese Materie zu zerlegen und sie auf eine Fiktion Gottes zu reduzieren, auf ein Tal des Übergangs, ein Königreich des Teufels und des Fleisches und auf die tausendundeins Partikel unserer theologischen Teleskope. Wir schauten weiter und weiter, göttlicher und göttlicher in den Himmel, dabei blieb die Ameise beständig und schmerzlich bei ihren sechs Beinen, oder ihren drei, zwischen einer Geburt und der nächsten, endlos unverändert. Uns gebricht es nicht am Heil der Ameise, uns gebricht es überhaupt an etwas Anderem als der Ameise. Und schlußendlich kommt es vielleicht nicht darauf an, größer, höher und weiter zu schauen, sondern einfach hier unten, vor unsere Nase, in dieses lebendige Agglomerat, das seinen eigenen Schlüssel enthält, gleich dem Lotossamen im Morast, und einem dritten Weg zu folgen, der weder jener der Wissenschaft ist noch derjenige der Religion – und der, wer weiß, eines Tages vielleicht all unser Weiß mit all unserem Schwarz, unser Übel mit unserem Gut, unsere Himmel mit unseren Höllen, unsere Hügel mit anderen Tälern in einer wohlgerundeten Wahrheit und einer neuen, menschlichen oder übermenschlichen Geographie vereint, die von all diesem Übel und Gut, den Hügel- und Talfahrten so minutiös und genau vorbereitet wurde.

Dieser neue Materialismus verfügt über ein sehr mächtiges Mikroskop: einen Strahl der Wahrheit, der vor keinem Anschein haltmacht und weit, weit trägt, überallhin, der in allen Dingen, allen Wesen und unter allen Verkleidungen und Störungen, welche die Dinge durcheinanderbringen, die gleiche «Frequenz» der Wahrheit erfaßt. Ein unfehlbares Teleskop: ein Blick der Wahrheit, der sich überall wiederfindet und wissend ist, weil er das *ist*, was er berührt. Diese Wahrheit gilt es allerdings zunächst in uns selbst freizusetzen und zu entwirren, um sie überall freisetzen und entwirren zu können: ist das Medium klar, ist alles klar. Und wir haben gesagt, daß dem Menschen ein Selbst aus Feuer eigen ist, eine kleine Flamme im Zentrum seines Wesens, ein Schrei reinen Seins unter den Trümmern der Mechanik. Dieses Feuer ist es, das klärt. Dieses Feuer ist es, das sieht. Denn es ist ein Feuer der Wahrheit im Zentrum des Wesens, dasselbe Feuer überall, in allen Wesen, allen Dingen, allen Bewegungen der Welten und der Sterne, gleichwie im Kiesel am Wegesrand und in der Spore, die der Wind davonträgt. Bereits vor fünftausend Jahren haben es die Rishis besungen: «O Feuer, diese Deine Herrlichkeit, die sich im Himmel findet und in der Erde und in den Gewächsen und in den Wassern... ist ein lebendiger Ozean aus Licht, der mit göttlicher Vision schaut[11]... Es ist das Kind der Wasser, Kind der Wälder, Kind der beständigen Dinge und der Dinge in Bewegung. Selbst im Stein ist es für den Menschen da, gegenwärtig in der Mitte seines Hauses.[12]... O Feuer, Du bist die Nabelschnur der Erdkörper und ihrer Bewohner.»[13] Dieses Feuer entdeckten die Rishis fünftausend Jahre vor den Wissenschaftlern – selbst in den Gewässern entdeckten sie es, und sie nannten es das «dritte Feuer», jenes, das weder aus Flammen noch aus Blitzen besteht: *saura agni*, das Sonnenfeuer*, diese «Sonne in der Finsternis»[14]. Sie fanden es allein kraft ihrer unmittelbaren Vision der Wahrheit, ohne Instrumente, allein durch das Wissen um das Feuer in ihrem eigenen Inneren – von Gleichem zu Gleichem. Unter ihren Mikroskopen fanden die Gelehrten hingegen nichts als die materielle, atomare Verkleidung dieses ursprünglichen Feuers, das im Mittelpunkt der Dinge und am Anfang der Welten steht. Das heißt, sie entdeckten die Wirkung, nicht die Ursache. Und weil sie allein die Wirkung fanden, fehlt ihnen auch die wahre Beherrschung, es fehlt ihnen der Schlüssel zur Transformation der Materie – unserer Materie –, der ihnen das wahre Wunder, das Ziel aller Evolution liefern würde, den «Punkt des Andersseins», der die Tür zu einer neuen Welt öffnen wird. Dieses Feuer ist die Macht der Welten, der Urknall der Evolution, die Kraft des Kiesels, die Kraft des Samens, die Kraft «in der Mitte des Hauses». Es ist der Hebel, der Seher; es ist dasjenige, was den Kreis, alle Kreise unserer sukzessiv materiellen, ani-

* Tatsächlich dauerte es bis 1938 und dem Bethe-Weizsäcker-Zyklus, um dieses «dritte Feuer» – dasjenige der Kernreaktionen – zu entdecken; und es ist tatsächlich das solare Feuer, dessen ungeheure Strahlungsenergie durch die Fusion der Wasserstoffkerne zu Helium freigesetzt wird. Vorher kannte die Wissenschaft nur die beiden ersten Arten von Feuer: das Feuer chemischer Reaktionen, in dem Moleküle zerfallen und sich wieder neu verbinden, ohne dabei ihre konstituierenden Atome zu verändern, und das Feuer, welches aus Veränderungen auf den Randschichten der Atome (der Elektronen) entsteht, Veränderungen, welche die Grundlage aller elektromagnetischen Phänomene bilden. (Anmerkung von P. B. Saint-Hilaire)

malischen, vitalen, mentalen Knechtschaften durchbrechen kann. Keine biologische Art, selbst bis an das Maximum ihrer Effizienz und Intelligenz und Leuchtkraft getrieben, hat die Kraft, ihre Grenzen allein aus dem Machtanspruch ihrer verbesserten Chromosomen zu überwinden – weder das Chamäleon noch der Affe, noch der Mensch. Das Feuer vermag dies. Es ist der Punkt des Andersseins, der Moment höchster Vorstellung, der die alten Grenzen in Flammen legt, so wie eines Tages ein gleicher Moment höchster Vorstellung ein gleiches Feuer im Herzen der Welten entfachte und den Sonnensamen über die Wasser der Zeiten streute und all diese Wellen und Kreise darumherum, um ihm zu besserem Wachstum zu verhelfen, bis daß jede Wurzel, jedes Reisig, jeder Zweig des großen Aufblühens fähig ist, seine Unendlichkeit zu erlangen, befreit kraft seiner eigenen Größe.

Und wir kehren zu unserer Frage zurück: Was ist dieses neue Bewußtsein? Woher stammt es, wenn es nicht die Frucht unseres kostbaren Gehirns ist?... Unter dem Strich betrachtet besteht die Angst des Materialisten darin, sich plötzlich ohne Vorwarnung mit einem anzubetenden Gott konfrontiert zu sehen, und wir verstehen ihn gut, wenn wir die kindischen Abbilder betrachten, welche sich die Religionen davon gemacht haben. Auch die Affen machten sich wahrscheinlich, wenn überhaupt, ähnlich kindliche Abbilder der übernatürlichen und göttlichen Kräfte des Menschen. Anzubeten ist das, was uns weiter, schöner und sonnenhafter macht; und letztlich ist uns diese Weite und diese Schönheit und diese Sonnenhaftigkeit nur zugänglich, weil sie bereits in uns angelegt sind, sonst könnten wir sie gar nicht erkennen – nur Gleiches erkennt Gleiches. Diese wachsende Gleichartigkeit ist die einzige anzubetende Gottheit. Wir möchten aber davon ausgehen, daß sie es nicht bei der vergoldeten Dürftigkeit der Ausgeburten unserer Wissenschaft beläßt, sowenig sie es bei den Großtaten des Pithekantropus beließ. Dieses «neue» Bewußtsein ist also nicht ganz so neu: unser Blick ist neu, die besagte Gleichartigkeit wird deutlicher (vielleicht sollten wir sagen, die Präzision der Welt nimmt schärfere Konturen an). Die Welt, wir alle wissen es jetzt, ist nicht so, wie sie uns erscheint; diese für unsere Augen so solide Materie, die kristallenen Gewässer, die erlesene Rose zerfließen in etwas anderem, und die Rose war niemals Rose, und die Gewässer waren niemals kristallklar, die Wasser fließen und brausen und wirbeln genauso wie dieser Tisch und der Fels, und nichts ist unbewegt. Wir haben unser Gesichtsfeld erweitert. Wer aber hat die Rose zerstört? Oder wer hat recht: das Mikroskop oder unsere eigenen Augen? Sowohl das eine als auch das andere, ohne Zweifel, und keines von beiden ganz und gar. Das Mikroskop annulliert weder, noch dementiert es unsere Oberflächensicht; es berührt lediglich ein anderes Stockwerk der Realität, eine zweite Ebene derselben Sache. Und eben weil das Mikroskop anders sieht, vermag es anderes und liefert uns eine ganze Palette von Strahlen, die unsere Oberfläche verändern. Und vielleicht existiert noch eine dritte, unerforschte Schicht derselben Sache – ein anderer Blick, denn was gibt es Neues unter den Sternen als unsere Betrachtung der Sterne? Und zweifellos existieren noch weitere Ebenen, unendlich viele weitere, die unserer Entdeckung harren, denn wer könnte dieser großen Entfaltung ein Ende setzen? Es gibt kein Ende, kein Ziel, es gibt unseren wachsenden Blick und ein Ziel, das jeden Augenblick gegenwärtig ist. Ein großes Entfalten enthüllt nach und nach seine Wunder. Und jeder neue Blick verwandelt unsere Welt und ihre Oberflächengesetze so vollständig, wie Einsteins Gesetze die Welt Newtons verwandelten. Anders sehen, heißt anderes können. Und diese dritte Ebene ist das neue Bewußtsein. Und es annulliert die Rose sowenig wie das Mikroskop – definitiv wird nichts annulliert, außer Schritt für Schritt unsere Torheit; es verbindet die Rose wieder mit dem vollständigen großen Entfalten und die leuchtenden Wasser, den zufälligen Kiesel, das kleine Wesen ganz allein in seiner Ecke mit dem großen Fluß einer selben und einzigen Macht, die uns nach und nach im goldenen Ebenbild des großen inneren Blickes gestaltet. Und vielleicht eröffnet es uns weniger monströse Wunder, die ganz kleinen natürlichen Wunder, die das große Ziel in jedem Augenblick zum Ausbruch bringen und die Totalität des Wunders in einem Punkt aufdecken.

Wo aber ist der mysteriöse Schlüssel dieser dritten Ebene zu finden? In Wahrheit ist er gar nicht mysteriös, obwohl er voller Mysterien steckt; er hängt nicht von komplizierten Werkzeugen ab, er versteckt sich nicht unter irgendeinem Geheimwissen, noch fällt er für die Auserwählten vom Himmel – er ist gegenwärtig, beinahe dem nackten Auge sichtbar – schlicht, einfach und natürlich. Er bestand seit Anbeginn der Zeiten: im Samen, der ein schwelendes Feuer hütete, als Drang sich auszudehnen und aufzunehmen; im großen Astralnebel, der seinen atomaren Staub sammelte, als Drang zu wachsen und zu sein; unter den schlafenden Wassern, in denen bereits das ungestüme Feuer des Lebens gärte, als Drang nach Luft und Raum. Und alles begann sich zu regen, getrieben vom gleichen Feuer: die Sonnenblume der Sonne entgegen, die Taube ihrem Gespielen und der Mensch nach man weiß nicht was. Ein ungeheurer Drang im Herzen der Welten und selbst der Galaxien, die sich weit bis an den Rand Andromedas gegenseitig in ihre tödliche Umarmung der Schwerkraft ziehen. Wir bemerken diesen Drang auf unserer eigenen Ebene, er ist klein oder weniger klein, es verlangt ihn nach Luft oder nach Sonne, es verlangt ihn nach einer Gefährtin und nach Kindern, es verlangt ihn nach Büchern, nach den Künsten oder nach Musik, nach Gegenständen, Millionen von Gegenständen – doch es gibt wahrhaftig nur einen einzigen Gegenstand, es verlangt ihn nur nach einer Musik, einer einzigen Sonne und einer einzigen Luft zum Atmen. Ein Verlangen nach Unendlichkeit. Denn er ist aus Unendlichkeit geboren. Und solange er diesen seinen einzigen Gegenstand nicht berührt, wird er nicht aufhören und werden die Galaxien nicht aufhören sich gegenseitig zu verschlingen, noch die Menschen zu kämpfen und sich abzumühen um die eine Sache, die sie nicht zu besitzen glauben und die sie treibt, von innen treibt, die ihr Feuer der Unzufriedenheit schürt, bis wir die äußerste Zufriedenheit erlangt haben – und zugleich die Fülle all der Millionen eitler Gegenstände und der Rose eines Augenblicks und der kleinen nichtigen Geste. Dieses Feuer ist der Schlüssel, denn er ist aus der höchsten Macht geboren, die die Welt in Flammen legte; dieses Feuer sieht, denn es ist aus der höchsten Sicht geboren, die diesen Samen ersann; dieses Feuer weiß, denn es erkennt sich überall wieder, in den Dingen und Wesen, im Kieselstein und den Sternen. Es ist das Feuer der neuen Welt, das im Herzen der Menschen brennt, «das die Schlafenden weckt», wie es die Upanishade ausdrückt.[15] Und es wird nicht innehalten, bis alles seine volle, ganze Wahrheit wiedererlangt hat und die Welt ihre Freude, denn sie ist aus der Freude und für die Freude geboren.

Anfangs allerdings ist dieses Feuer-Selbst mit allerlei obskuren Händeln vermischt; es müht sich und begehrt, streckt sich und kämpft, kriecht mit dem Wurm, wittert die Spur seiner Beute im Wind, muß sich erhalten und überleben, betastet die Welt mit seinen kleinen Antennen. Entsprechend seinem Bedarf sieht es nur Teile des Ganzen. Und im Menschen – dem bewußten Tier – erweitert es seinen Radius, tastet weiter, addiert seine Fragmente, systematisiert die Gegebenheiten: schafft Gesetze, gelehrte Traktate und Evangelien. Hinter allem jedoch steht treibend das Feuer-Selbst, das Etwas, das nicht ruht, das der Gesetze, Systeme, Evangelien ungeduldig wird, das hinter jeder begriffenen Wahrheit, jedem geschaffenen Gesetz die Mauer spürt, die Falle hinter jeder gemachten Entdeckung sich schließen sieht, als sei Begreifen bereits Ergriffenwerden, bereits das Zuschnappen der Falle; etwas lenkt die Antenne, wird sogar der Antenne ungeduldig, des Hebels und der ganzen Mechanik zum Verständnis der Welt, als würfen diese Mechanik, diese Antenne und dieser Blick einen letzten Schleier über die Welt und hinderten es, ihre nackte Wirklichkeit zu berühren. Dieser Schrei auf dem Grunde des Wesens möchte sehen, hat solch ein Bedürfnis, wahrhaftig zu sehen und endlich in Freiheit zu treten: als Meister der Antenne und nicht als ihr Sklave. Als sei seit ewigen Zeiten dort ein Meister eingesperrt gewesen, welcher mehr schlecht als recht seine Pseudopoden, Tentakel und all die verschiedenfarbigen Netze ausbreitete, um mit der Welt in Verbindung zu treten. Bis eines Tages, unter dem immensen Druck des feurigen Drangs, die Mechanik schließlich rasselnd in sich zusammenbricht. Alles bricht: die Gesetze, die Evangelien, die Erkenntnisse und alle Jurisprudenzen der Welt, das Maß ist voll! Selbst vom Besten ist das Maß voll, das ist ein weiteres Gefängnis, eine Falle – die Gedanken, die Bücher, die Künste und unser Gottvater-im-Himmel –, etwas Anderes, bloß um alles in der Welt etwas Anderes! Oh, etwas, das einem so sehr ermangelt und das keinen Namen hat, außer seinem blinden Drang... Und man entmechanisiert mit dem gleichen Eifer, mit dem man vorher mechanisierte. Alles brennt, es bleibt nichts außer dem reinen Feuer. Ein Feuer, welches nichts weiß, nichts sieht, nicht das geringste, nicht einmal die kleinen Fragmente, die es vorher so sorgfältig sammelte. Dieses geradezu schmerzliche Feuer streckt sich und müht und sucht und stößt sich; es möchte die Wahrheit, möchte das Andere, so wie es früher all die Gegenstände wollte, die Millionen Gegenstände der Welt und sich streckte, um sie zu ergreifen. Und nach und nach wird alles verzehrt. Selbst das Verlangen nach dem anderen, selbst die Hoffnung, jemals diese unmögliche reine Wahrheit zu erfassen, selbst die persönliche Mühe löst sich auf, alles gleitet uns aus den Händen.

Es bleibt eine kleine reine Flamme.

Eine Flamme, die nichts weiß, die nichts sieht, aber die ist – welche Süße, einfach diese Flamme zu sein, diese winzige Flamme ohne Gegenstand – sie ist, schlicht und rein. Es scheint sogar, als bräuchte sie nichts anderes. Man fließt in ihr, lebt in ihr wie in einer Liebe für nichts und für alles. Und manchmal taucht man sehr tief hinein, und dort unten, ganz am Ende dieses ruhigen – so ruhigen – Feuers ist etwas wie ein Kinderlächeln, etwas, das die Welt wie transparent betrachtet, und dann, gibt man nicht acht, zerstreut sich der Blick, fließt mit den Dingen, atmet mit den Pflanzen, entflieht in die überall gegenwärtige Unendlichkeit, lächelt in diesem oder jenem, und alles ist eine große Augenblicklichkeit. Es gibt nichts zu nehmen, zu ergreifen, nichts zu wollen: Es ist da, ganz da. Es ist überall da. Ein Blick ohne Mauern und Grenzen, eine Sehweise, die nicht bindet und fesselt, ein Wissen, das nicht nimmt – alles ist bekannt, augenblicklich vertraut und durchläuft alles, gleitet wie der Aal, ist leicht wie der Pollen, frei wie der Wind, und es lächelt überall, als lächelte man hinter allem sich selbst an. Wo ist nun das «Andere», das Nicht-Ich, das Außen, das Innen, die Nähe, die Ferne: alles verschmilzt, kommuniziert augenblicklich, als sei es das gleiche überall. Und da beginnt die kleine Flamme ihre eigene Welt wiederzuerkennen: die neue Geographie beginnt Formen anzunehmen, Reliefs, Farbschattierungen, Variationen zeichnen sich ab. Alles ist eins, und dennoch ist jedes wie einzig; es ist das gleiche Feuer, doch jedes Feuer hat eine besondere Intensität, eine spezielle Wellenlänge, eine vorherrschende Schwingung und etwas wie eine vollkommen andere Musik. Jedes Wesen hat seine eigene Musik, jedes Ding seinen Rhythmus, jeder Augenblick seine Farbe, jede Begebenheit ihre Kadenz, und alles beginnt in Verbindung zu treten. Alles erhält eine andere Bedeutung, einer totalen Bedeutung gleich, in der jeder, auch der geringste Spieler seine unersetzliche Position einnimmt, seine einzige Präsenz, seine einzige Note, seine unersetzbare Geste. So beginnt eine erstaunliche Entwicklung mit traumwandlerischer Sicherheit vor unseren Augen abzurollen. Die Welt ist ein Wunder, ist mit jedem Schritt eine Erstaunen heischende Entdeckung, eine Offenbarung im Mikroskopischen, eine unendliche Reise ins Endliche. Man bewegt sich in dem neuen Bewußtsein, hat das Feuer einer neuen Welt ergriffen: «O Feuer... Du bist das höchste Wachstum und die höchste Weite unseres Wesens, alle Pracht und Schönheit liegen in Deiner begehrlichen Farbe und vollkommenen Vision. O Weite, Du bist die Fülle, die uns zum Ziel unseres Weges tragt; Du bist eine Vielzahl von Schätzen, die allseits ausgebreitet sind.»[16]

VIII

Wandel der Sicht

Dieser Wandel der Sicht ist weder spektakulär, noch vollzieht er sich augenblicklich; er entsteht in kleinen Tropfen neuen Sehens; man merkt kaum, daß es sich um ein neues Sehen handelt, geht daran vorbei, ohne es zu merken, wie der Höhlenmensch vielleicht an einem Goldklumpen vorbeitrottet und ihn einen Augenblick ansieht, weil er glänzt, dann aber fortwirft. Wozu ist das gut, Gold? Man wird hundertmal wieder und wieder an demselben nichtssagenden Punkt vorbeigehen, der doch glänzt, der doch so ein gewisses unbeschreibliches Etwas um sich hat, bevor man begreift, daß Gold Gold ist – das Gold muß erfunden werden, die ganze Welt muß erfunden werden, um das zu finden, was bereits ist. Die Schwierigkeit besteht nicht darin, verborgene Geheimnisse zu entdecken, sondern darin, das Sichtbare zu entdecken und das ungeahnte Gold unter all der Banalität – in Wahrheit gibt es keine Banalität, sondern einzig Unbewußtheit. Es besteht die jahrtausendealte Gewohnheit, die Welt entsprechend unseren Bedürfnissen und in bezug auf uns selbst zu sehen, gleich dem Förster im Wald, der nach Rosenholz sucht und so einzig Rosenholz sieht. Es erfordert ein gewisses Maß an «Exzentrität», um eine Entdeckung zu machen, und schließlich stellt man fest, daß diese Exzentrität der erste Schritt einer echteren Zentrität ist und der Schlüssel einer ganzen neuen Welt ungeahnter Zusammenhänge. Unser Wald beginnt sich mit unbekannten Baumarten zu füllen, und alles wird zu einer Entdeckung.

Unsere Vorstellungen waren durch das verfälscht, was man die «Tradition des Visionärs» nennen könnte. Es schien uns immer, als seien die Privilegierten unter den Menschen diejenigen, die «Visionen» haben, die den grauen Alltag rosa und grün und blau sehen können, Erscheinungen und übernatürliche Phänomene haben – eine Art Super-Heimkino, das man sich daheim gratis zu Gemüte führen kann, indem man den psychischen Knopf drückt. Und all das ist schön und gut, es gibt nichts dagegen einzuwenden, aber die Erfahrung beweist, daß diese Sorte von Vision leider rein gar nichts verändert: Würden morgen Millionen von Menschen durch einen Akt der Gnade mit visionärer Macht begabt, so würden sie wieder und wieder ihren kleinen psychischen Fernseher andrehen, Götter sehen, die vor Gold-Gepränge zusammenbrechen (vielleicht jedoch auch einige Höllen, die ihren natürlichen Neigungen eher entsprechen), Blumen von größerer Pracht als jede Rose (sowie verschiedene fürchterliche Schlangen), schwerelose Wesen oder welche mit Heiligenschein (Teufel allerdings verstehen sich ausgezeichnet auf das Imitieren von Heiligenscheinen, sie sind angeberischer als die Götter und lieben den Glitter), «traumhafte» Landschaften, üppigste Früchte, kristallene Paläste – letztlich aber, nach der hundertsten Wiederholung, langweilen sie sich so sehr wie zuvor und stürzen sich auf den letzten Klatsch. In all diesem übernatürlichen Spektakel fehlt etwas. Und, offen gestanden, dieses Etwas bedeutet alles. Wird unsere Natur nicht wahrhaftiger, kann nichts Übernatürliches Abhilfe schaffen; ist unsere innere Wohnung häßlich, kann kein noch so zauberhafter Kristall unsere Tage erleuchten, keine Frucht jemals unseren Durst stillen. Das Paradies ist auf Erden zu schaffen, sonst wird es nirgendwo sein. Denn überall tragen wir uns selbst herum, sogar im Tod, und solange gar dieser «dumme» gegenwärtige Augenblick nicht voller Himmel ist, entflammt sich keine Ewigkeit mit dem geringsten Stern. Findet die Transmutation nicht im Körper und im Alltag statt, wird uns hier oder anderswo, über Jahrhunderte und Jahrhunderte hinweg, kein Gold glänzen. Es geht nicht darum, die Dinge rosa oder grün oder auch golden zu sehen, sondern darum, die Wahrheit-der-Welt zu sehen, die um so vieles herrlicher ist als alle Paradiese, seien sie künstlich oder nicht, denn die Erde, diese winzige Erde unter den Millionen von Planeten ist die experimentelle Stätte, an der die höchste Wahrheit aller Welten sich in dem zu verkörpern entschlossen hat, was als der

Widerspruch ihrer erscheint, und kraft gerade dieser Widersprüchlichkeit das All-Licht in der Finsternis zu werden, die All-Weite inmitten der Kleinlichkeit, die Unsterblichkeit im Tod und die lebendige Fülle in jedem Atom und jedem Augenblick.

Aber an uns liegt es, dabei mitzuarbeiten.

Dieser «Widersprüchlichkeit» begegnet der Sucher auf Schritt und Tritt. Darin liegt der Schlüssel zum neuen Sehen. Er begegnet ihr in sich selbst, in anderen, in den Umständen: nichts «läuft» so, wie es laufen sollte. Wo ist die Wahrheit in diesem Chaos, diesem Wirrwarr, dieser Lüge? Sicherlich nicht hier, hier müssen wir kämpfen, auswählen, zurückweisen, die Umstände berichtigen, nach etwas dort draußen streben, weit in der Ferne, morgen oder gar den Tag darauf. Die Wahrheit entgeht uns vollkommen – andere vor uns haben die Umstände berichtigt, in Babylon, Theben oder Kapilavastu –, schon seit zehntausend Jahren haben wir eine Zivilisation nach der anderen durchlaufen, und es ist gewiß eine Illusion zu glauben, die unsrige nähme kein Ende und Europa mit all seinen wissenschaftlichen und kulturellen Wahrheiten sei für alle Zeiten der Nabel der Welt. Denn, offen gestanden, morgen oder der Tag darauf, das ist *nie*. Besteht in dieser Sekunde keine Wahrheit, wird sie nie bestehen. Das ist die schlichte Mathematik der Welt.

Die Wahrheit ist vollkommen natürlich, aus diesem Grunde nehmen wir sie ja nicht wahr. Sie ist sogar die einzig natürliche Sache der Welt. Sie besteht seit der ersten Kollision der Atome, woher sollte sie sonst kommen, aus welcher Periode Andromedas, des Krebses oder unserer eigenen Galaxie, herbeigeführt durch welchen Propheten, welche Entdeckung, welches Wunder? Propheten sind gekommen und gegangen, Entdeckungen reihen sich an Entdeckungen, und die Wunder von heute ergeben morgen eine weitere archäologische Schicht für die Bewohner einer anderen Welt. Wir aber sind noch immer nicht dabei, und doch sind wir immer dabei gewesen, inmitten des Wunders. Es gibt bloß einen Augenblick, wo man dem Wunder gegenüber die Augen öffnet. Und das ist der einzige Augenblick der Welt, der Große Augenblick aller Zeiten und aller Erden – denn alles hängt zusammen, es gibt nur einen Körper der Welt und einen Blick für alle Universen. Kein Punkt der Welt kann verändert werden, ohne alles zu verändern, kein Blick kann sich hier öffnen, ohne ihn dort zu öffnen. Kein Zentrum der Wahrheit kann berührt werden, ohne nicht alle Zentren zu berühren, augenblicklich und ohne Distanzen, denn es gibt nur eine Wahrheit und nur ein Zentrum.

Bedeutet das, diese Wahrheit wurde noch nie von einem Menschen berührt? Sicherlich ist sie berührt worden, aber auf den Höhen des Mentals, in seltenen Erleuchtungen, die hier oder dort ihre Spur hinterlassen haben, im Antlitz eines Buddha in Indonesien, einer Athene des Parthenon, in einem Lächeln in Reims, in einigen wunderbaren Upanishaden, begnadeten Worten, die gleich einem goldenen und viel bestaunten Anachronismus fortbestehen, kaum real inmitten unserer Beton-Strukturen und zivilisierten Barbarei, in den Tiefen des Herzens wurde sie berührt, sie wurde von dem heiligen Franziskus oder Sri Ramakrishna gestammelt; aber die Wasser fließen weiter unsere Flüsse herab, und wir alle wissen, daß der Bombe das letzte Wort zukommt und dem Triumph des letzten demokratischen Helden, der sich bald den anderen unter derselben Schicht von Nichtigkeiten anschließen wird. Sie ist jedoch nie in der Materie berührt worden, noch niemals dort, und solange sie nicht dort berührt wird, wird sie das bleiben, was sie immer war, eine brillante Träumerei oberhalb des Chaos der Zeiten, und die Welt wird vergeblich weiterwirbeln, ihre nichts-entdeckenden Entdeckungen aneinanderreihen und ihre Schein-Erkenntnisse, die uns schließlich alle erdrosseln werden. In Wahrheit mühen wir uns unter einer seltsamen Täuschung: wir flickschustern hier eine Ungerechtigkeit ins Rechte zurück, um sie dort wieder aufspringen zu sehen, wir versiegeln dort einen Sprung, um die Wunde an einer anderen Stelle klaffen zu sehen, und es ist immer dieselbe Wunde, es gibt nur eine Wunde auf der Welt; solange man dieses Übel nicht angeht, werden unsere Millionen Medikamente und Parlamente und Rechtssysteme – mit ihren Millionen von Gesetzen an jeder Straßenecke und bis in unsere Briefkästen – nichts in uns und am Elend der Welt heilen. Wir sind wohltätig und altruistisch, wir teilen und verteilen und egalisieren, doch unsere Wohltaten scheinen mit unseren Missetaten Hand in Hand zu gehen, und das Elend, das große Elend der Welt sickert überall durch und nagt schleichend an unseren funktionalen Eigenheimen und leeren Herzen; unsere Ausgleichsbemühungen sind die ungeheure graue Uniformität, die sich über die Erde legt und das Gute und das weniger Gute erstickt, die Fülle mit der Kargheit auslöscht, die Massen hier wie dort nivelliert – die große mechanisierte menschliche Masse, entkörpert und ferngesteuert durch Millionen von Fernsehern, Radios und Zeitungen, die ihre Schlagzeilen bis in die hintersten Himalaja-Dörfer schreien. Und nichts Neues. In den Milliarden von Neuigkeiten nicht eine Neuheit. Nicht ein Jota Neuheit unter den Sternen: die Menschen leiden und sterben in ihren Super-Krankenhäusern, die nichts heilen, und in ihren Super-Städten, die vor seelischer Not nur so bersten. Morgen aber, glaubt man, wird alles besser, mit mehr Mechanismen, Medikamenten, roten Kreuzen oder grünen oder blauen, Gesetzen und weiteren Gesetzen, um den Krebs der Welt zu reformieren. Und wir glauben aus weiter, weiter Ferne der Vergangenheit, sechstausendjähriger Vergangenheit, die kaum vernehmbare ergreifende Stimme von Lopamudra, der Frau des Rishis Agastya zu hören: «Viele Herbste hab ich mich geplagt, Tag und Nacht; die Morgensonnen lassen mich altern und das Alter verdunkelt die Pracht unserer Körper...»[17] und ihr Echo in derjenigen von Maitreya: «Was soll ich tun mit all dem, womit sich der Nektar der Unsterblichkeit nicht erlangen läßt?»[18]

Heißt das, wir haben keine Fortschritte gemacht? Wir haben sicherlich nicht in dem Sinne Fortschritte gemacht, wie wir es verstehen. Wir sind nicht menschlicher als der Einwohner Thebens oder Athens, haben ihm, trotz all unserer Maschinen, nichts voraus. In Sri Aurobindos Worten: «Die Maschinen sind für die moderne Menschheit unabdingbar aufgrund ihrer unheilbaren Barbarei.»[19] Wir glauben alles zu beherrschen, in Wahrheit aber beherrschen wir nichts! Unsere Mechanik ist ein Eingeständnis der Schwäche, eine gewaltige Prothese als Ersatz für unsere Unfähigkeit, weit zu sehen, weit zu hören, das Herz der Dinge zu durchdringen und augenblicklich und unmittelbar zu begreifen. Wir wissen nicht besser als vor zehntausend Jahren (und vielleicht wußte man es damals besser), wie man Materie durch Willenskraft verändert, Licht durch das Bewußtsein ausstrahlt und durch Vision versteht. Unter unseren Apparaturen sind wir weniger fortgeschritten als das Tier mit seinem sechsten Sinn oder der zentralafrikanische Pygmäe. Unsere Maschinen sehen besser als wir, fühlen besser als wir, rechnen besser als wir und leben schließlich vielleicht einmal besser als wir. Die Materie entgeht uns vollkommen. Ein zentraler Stromausfall genügt, und wir stehen wieder im Zeitalter der Höhlenmenschen. Denn Fortschritte zu machen bedeutet nicht, das Bestehende zu verbessern oder neue technische Prozeduren zu entwickeln: es bedeutet, das Bewußtsein und die Sehweise zu verändern.

Wenigstens haben wir in einer Richtung Fortschritte gemacht, allerdings nicht in der von uns angenommenen. Wir haben den Zyklus des Affen vollständig durchlaufen: wir haben jene kleine Geste auf ihre äußerste Spitze getrieben, die Liane und Ast verband und einen Bogen schuf, wir haben den mentalen Ballon bis zum Bersten aufgeblasen, der Plan der Natur ist erfüllt; er bestand nicht allein darin, ein Inventar der Welt zu erstellen, sondern darin, die gesamte Art zur Stunde Null zu geleiten, zu jenem höchsten Augenblick, in dem es keinen jungfräulichen Urwald mehr zu erforschen, keinen tiefsten Meeresgraben mehr zu sondieren, keinen Himalaja mehr zu erstürmen gibt, ja kaum noch ein Hektar Boden für unsere Stahlbeton-Konstruktionen mehr verbleibt, ja, selbst die Götter all ihres Lebenssaftes erpreßt worden sind und seither staubbedeckt unsere Bibliotheken bevölkern, das Leben unter seinem Eigengewicht zusammenbricht und uns aufs neue, wie den Menschen früherer Zeiten, unter den Sternen dem Alleinsein ausliefert im Angesicht des Mysteriums der Erde, um den Namen der Dinge zu finden, ihre Macht zu sein, die wahre Schwingung, die wir in uns bergen und die uns mit der Welt verbindet: das nackte Geheimnis dieses Augenblicks ohne Geschichte und eine ursprüngliche Musik der Dinge, die vielleicht ihre äußerste Wahrheit und ihre äußerste Macht ist, eine ursprüngliche Vision, die eine neue Geburt der Welt ist und vielleicht das Versprechen ihrer Transformation. Wir stehen am Ende der mentalen Welt. Wir stehen vor der nackten Materie. Es ist die Zeit der Großen Erfindung.

Und wir sind beinahe lächerlich schlecht gerüstet für solch ein Abenteuer. Was haben wir? Innen ein kleines Feuer, dessen Zweck wir nicht einmal kennen, das jedoch mit uns brennt, unsere Schritte begleitet, unsere Tausende von Schritten innerhalb der großen eitlen Mechanik, eine kleine Lichtung, die mitunter so leicht und bezaubernd scheint und so zerbrechlich inmitten des großen leeren Chaos – das ist alles, was wir haben, kindlich und durchsichtig, beinahe lächerlich inmitten der bleiernen Spur hochgerüsteter Kolosse des Mentals. Und was entdecken wir? Einen Hauch, ein Nichts, ein Körnchen Gold, das einen Augenblick aufblitzt, dann verschwindet. Es ist nichts Sensationelles, das ganze Gegenteil aller Sensationen, eine mikroskopische Genauigkeit ohne große Anstalten, vielleicht ist es nichts, und es ist alles. Es ist so fließend wie ein Mensch, als er sich das erste Mal über den ersten Fluß der Welt beugte und einem Grashalm zusah, der vorüberglitt, und danach ein zweiter – der woher kommt, wohin treibt? –, ein flüchtiger Widerschein des Himmels und jener anderen kleinen Kaskade in seinem Herzen. All dies aber ergibt ein Ganzes, und für einen Sekundenbruchteil öffnet sich etwas wie ein Blick und durchdringt den Wassertropfen und den Grashalm mit Unendlichkeit, sein Woher-er-kommt und sein Wohin-er-geht, als wäre alles schon geschehen, als würde nichts jemals geschehen, nichts wirklich je vorbeiziehen: eine ewige Begegnung des Himmelsrosa und des Herzschlags und des zarten Grashalms; andere Halme mögen vorbeiziehen und andere Schattierungen von Rosa und Blau und Schwarz verstreichen, dabei ist es immer das gleiche, was sich begegnet, im gleichen Punkt, mit anderen Gesichtern und anderen Namen. Schließlich bleibt etwas von dieser Begegnung der Welten zurück, etwas wie ein gleicher Blick, der seine gleiche Geschichte betrachtet, und alles ist ruhig, alles ähnelt sich und ist klar: es ist nicht nötig, sich nach dem Morgen zu strecken, nicht nötig, dieses Rosa oder das Blau zu ergreifen, diesen Grashalm oder jenen anderen; es gibt keine anderen Punkte in der Ferne, oder es ist dasselbe und dieselben Dinge, die sich begegnen; in jedem Augenblick gibt es nur einen Punkt, und die ganze Welt durchquert ihn, einschließlich dem Sternbild des Schützen und des Beteigeuze, nebst diesem Grashalm. Alles ist darin enthalten, Zeitalter um Zeitalter. Es genügt, der Musik dieses Punktes zu lauschen, und jede andere Musik ist darin enthalten, es genügt dazusein, und alle gegenwärtigen, vergangenen und zukünftigen Wesen der Welt sind dort – es gibt nur eine Geschichte auf der

Welt, nur einen Augenblick und ein einziges Wesen. Es ist hier, wir sind angekommen. Es wird nichts Weiteres mehr geben und nichts anderes, in dreitausend Jahren sowenig wie in Hunderttausenden.

Von hier an *ist* jedes Ding, einfach und absolut. Wir stehen an dieser Kreuzung des Seins und betrachten die große Welt: sie ist vollkommen neu. Es gibt keine Hoffnung mehr auf etwas anderes, kein Warten, kein Bedauern, kein Verlangen – ist es nicht in dieser Sekunde gegenwärtig, wird es niemals gegenwärtig sein! Alles ist zugegen, die totale Totalität aller möglichen Zukunft. Die Wasser mögen vorüberfließen, so wie die Gesichter und die Donnerschläge der Welt, die Gepflogenheiten des Augenblicks, der Schrei des Passanten, die fliegende Spore; das große Kaleidoskop wendet sich und verstreut Wesen und Geschehnisse, Länder und ihre Herrscher und diese gegenwärtige Sekunde, die Farben Blau, Rot und Gold, aber es ist immer der eine selbe Blick an der Kreuzung, die eine selbe Sekunde, eine selbe Sache unter anderen Farben, dieselben Wesen mit ihren Leiden unter weißer oder brauner Haut, in diesem Jahrhundert oder einem anderen. Es gibt nichts Neues unter den Sternen, nichts zu erwarten! Diese einzige kleine Sekunde gilt es auszugraben, zu ergründen, zu vertiefen, sie total zu leben wie für Jahrhunderte um Jahrhunderte; so geschieht dieses einzige Etwas, dieses einzige Wesen, die Spore, das Staubkorn, dieses einzigartige Ereignis der Welt. Dann beginnt sich alles mit einem so umfassenden Sinn zu erfüllen, zu weiten, in alle Himmelsrichtungen der Welt zu verästeln, mit einer so vollkommenen Bedeutung, als berge dieses Gesicht, diese Zufallsbegegnung, das vorüberstreichende Blau oder Schwarz, das unerwartete Straucheln, die schwebende Feder eine Botschaft für uns – jedes Ding ist eine Botschaft, ein Zeichen unserer Stellung und der Stellung des Ganzen. Nichts existiert mehr in Beziehung auf diesen kleinen Schatten, in bezug auf sein Bedürfnis, sein Verlangen, seine Erwartung von den Dingen oder den Wesen – alles ist leuchtend klar, alles durchstreift unsere Lichtung so, wie es ist, ohne Mehr oder Weniger, Gut oder Böse, Ablehnung oder Auswahl oder Vorzug oder Willen von und für was auch immer es sei: Was gibt es zu wollen, wo wir alles bereits für immer haben? Was fehlt? Dann beginnt jedes Ding seinen Schlüssel zu zeigen, seine reine Musik, seinen innersten Sinn, ohne Abzug oder Beifügung, ohne falsche Farbe für die Augen – durch die Wesen und Dinge betrachten wir dieselbe ruhige Ewigkeit, die sich entfaltet. Wir stehen in unserem Punkt der Ewigkeit. Wir stehen in einem Blick der Wahrheit. Wir stehen an dieser Kreuzung des Seins, und diese Kreuzung scheint sich für einen Augenblick unzählig überallhin zu öffnen. Eine kleine Sekunde voller Fülle. Wo ist der Mangel, das Eitle, Fehlende? Wo das Große, Unendliche, Nützliche, Nutzlose? Wir sind angekommen, stehen mitten in *der* Sache. Es gibt keine Suche nach dem Rosenholz mehr im großen Weltenwald: alles besteht aus Rosenholz, und jedes Ding ist einzigartige Essenz. Glühendes Gold glänzt überall.

Und der Sucher hat seinen Finger auf die vierte goldene Regel des Übergangs gelegt: jede Sekunde voll und hell.

* * *

Inwiefern aber helfen diese kleinen hellen Sekunden dabei, die Welt zu verändern? Vielleicht auf genau die gleiche Art, in der jene kleine abgelenkte Sekunde des Affen – von seinen momentanen Interessen abgelenkt – Geburtshelferin des ersten Gedankens wurde? Denn eine ganze Welt beginnt sich in diese Transparenz zu ergießen, aber in hauchartigen, unmerklichen Quanten, kleinen Tropfen von Nichts – in Wahrheit ist die «Nutzlosigkeit» der Dinge eine fürchterliche Falle, ein Fallstrick jeder Sekunde, das alte Versehen, das die Welt in seine dunkle falsche Sicht bannt. Jeden Augenblick muß der Sucher sich der alten Sehweise erwehren, sich berichtigen und immer wieder auf frischer Tat ertappen. Es bedeutet eine lange Lehrzeit der neuen Sicht, man weiß nicht recht, wo es hingeht und wozu das alles gut ist. Wozu dient diese erste Reflexion des Affen, wenn nicht dazu, seine augenblickliche Gymnastik zu stören? Und doch wird der Sucher wie gegen seinen Willen darauf zurückgedrängt, er empfängt kleine Zeichen, Veranschaulichungen am praktischen Beispiel: man könnte meinen, daß jemand oder etwas gegenwärtig ist, das wacht und sich des kleinsten Sprunges in der alten Mechanik bemächtigt, um dort einen kleinen Tropfen Licht hindurchzuschmuggeln – ein Loch ist nötig, ein Sprung im Panzer, ein Versagen der alten Seinsgewohnheiten, um der neuen Welt die Gelegenheit zu lassen einzutreten! Und langsam, aber sicher gibt der Sucher nach. Er läßt sich gehen, richtet sein Augenmerk auf die tausend alltäglichen Nichtigkeiten, Ereignisse ohne jeden Sinn und Verstand, Begegnungen ohne Ziel, die mikroskopische Vielzahl der «zusammenhanglosen» Dinge. Er bleibt in seinem Feuer des Seins, und er schaut, er betrachtet jedes Ding gleich einer erwartungsvollen Offenbarung, einer verborgenen Wahrheit; und offenbart sich nichts, so beharrt er, beobachtet alles, nimmt alles im einzelnen auf: die unnützen Schritte, die zwecklosen Umwege, die verschlossenen Gesichter, die grundlosen Unfälle. Anstatt sich auf das Begehrte zu stürzen, beobachtet er es im Vorbeiziehen, wie es seiner Kurve folgt und sein Ziel erreicht; anstatt eine bestimmte unangenehme Begegnung zu vermeiden, läßt er sie auf sich zukommen, heißt sie willkommen und läßt sie ihren kleinen Tropfen Wahrheit, ihre Botschaft unter der Lüge oder dem Chaos abgeben; anstatt vor dem Finsteren zu flüchten oder vor dem Übel, der Verneinung, die sich auf ihn stürzt, bleibt er abwartend, verhält sich ruhig, bis die Finsternis ihm ihre Lektion eröffnet, das Übel seinen Tropfen Gutes unter dem Gift, die Verneinung ihr größeres Ja, das seiner Stunde harrt. Und schließlich entdeckt er ein Ja überall, ein Gut überall, einen Sinn überall, entdeckt alles aufwärtsführend, alles in der Großen Bedeutung verlaufend, unter dem Gut und unter dem Übel, dem Schwarz und dem Weiß, dem Nützlichen und dem Schädlichen. Nach und nach füllt sich die Welt mit Tausenden von kleinen Wahrheiten, die aufflammen, hier oder dort oder anderswo, die die Leere erfüllen, das zwecklose Loch stopfen, eine Brücke zwischen den Dingen schlagen, das fehlende Stück des Puzzles an seinen Platz fallen lassen, und alles verbindet sich zu einer anhaltenden Botschaft – jeden Augenblick flüstern die Dinge an unserem Ohr, und die Bestimmung des Menschen spricht in einer schwebenden Taubenfeder.

Und wieder läßt uns dasselbe Phänomen innehalten. Wir entdecken keine ewigen und erhabenen Wahrheiten, keine Triumphe mentaler Geometrie, welche die Welt in einer Gleichung einfängt, keine Ansätze von Dogmen, keine Offenbarungen auf den Gipfeln der Sinais dieser Welt, sondern kleine, ja winzige Wahrheiten, lebendig, leicht, Lachfältchen der Wahrheit am Wegesrand und in den verstreichenden Banalitäten – eine winzige Wahrheit, die ansteckend ist und die sich von Ort zu Ort überträgt und selbst die Steine zum Leuchten bringt: eine Wahrheit der Erde, eine Wahrheit der Materie. Haben wir eine einzige dieser kleinen wunderlichen Lachfältchen erfaßt, so erfüllt uns das mehr als alle Erleuchtungen aller Weisen zusammengenommen, denn wir haben die Wahrheit offenen Auges erfaßt und mit unseren Körpern – vielleicht gerade, weil die höchste Wahrheit auch dort liegt, in einem infinitesimalen Grashalm ebenso wie in der Totalität aller Zeiten.

Doch mehr als alle entschleierten Sinne entdeckt der Sucher ein noch größeres Mysterium, etwas so Unfaßbares und Sicheres, daß es ihn jedesmal, wenn er vermeint einen flüchtigen Anschein davon erfaßt zu haben, mit Herzklopfen erfüllt – etwas, das sehr tief verborgen liegt, das sich nicht fangen oder in Gedanken und mentale Kodes fassen lassen will: eine höchste Chiffre, die alles dechiffriert, wie der wahre Schlüssel der neuen Welt. Hinter all seinem Tasten und Straucheln, seinen Dutzenden täglichen Abwegen, seinen Rufen in der Nacht, spürt er etwas wie eine Hilfe – etwas *antwortet*... Man muß lange im absoluten Dunkel gelaufen sein, um das Wunder dieser Antwort zu verstehen. Etwas antwortet, regt sich, versteht, weiß, wohin wir gehen! Als sei die neue Welt bereits vollständig hier, fertig, unzählig verzeichnet unter unseren Schritten und unter allen Schritten aller Wesen und jedes Augenblicks – langsam, aber sicher dringen wir in ihre Geographie ein. Und hierin besteht das wirkliche Zeichen der neuen Welt: sie ist hier, es gibt keine Entfernung mehr zu überbrücken, kein Warten im Gebet, kein Rufen durch die leeren Weiten des Raums, um eine nebulöse, verschleierte Gottheit zu verführen, keine Intensität der Konzentration, keine langen Jahre oder schweren Anstrengungen und eifrigen Wiederholungen, um eine taube Macht zu bewegen – es ist direkt hier, die augenblickliche Antwort, die Erhörung liegt in den Tatsachen, dem lebendigen Zeichen, der konkreten Veranschaulichung. Ein einfacher Ruf genügt. Ein kleiner Schrei reiner Wahrheit. Tatsächlich suchen wir nicht: wir werden gesucht; wir rufen in keiner Weise: wir werden gerufen. Und wir tasten so lange umher, wie wir alles selber leisten wollen. Es gibt nichts zu tun! Es gibt alles zu ent-tun und die neue Welt und ihre unerwarteten Flüsse und Wege unter unseren

Schritten fließen zu lassen. Eine kleine Sekunde der Preisgabe, und es dringt ein, ist gegenwärtig und lächelt. Alles ist bereits vorhanden! Auch der Affe, der sich eine solche Mühe zu machen glaubte, um diese kleine Schwingung zu erheischen, die plötzlich durch Zufall einen Gedanken fängt, ohne zu wissen wie oder weshalb, betrat vielleicht in dem Augenblick, in dem seine Affen-Mechanik nicht wie gewohnt ablief, bereits eine neue mentale Geographie, die auf sein Versagen wartete und auf seine Preisgabe an das Mysterium der neuen Welt. Wir bilden uns ein, daß alles unserem wunderbaren Gehirn entspringt, dabei sind wir lediglich das Werkzeug eines größeren Selbst, die Überträger eines nahenden Wunders, die Übermittler einer wachsenden Musik. Aber man muß die Musik fließen lassen, das Instrument muß klar sein.

Und man begreift: Wenn die Welt nur ihr Instrument auf diese andere Musik einstimmt, wird sie sich radikal verändert finden.

IX

Das größere Selbst

Was ist dieses größere Selbst?

Tatsächlich ist das Selbst immer groß gewesen; genausogut könnte man fragen: «Was ist dieser größere Mond?» Da wir zuerst des ersten Viertels teilhaftig werden und dann des zweiten, sprechen wir aus unserer geozentrischen Perspektive von einem zunehmenden Mond. Unsere Augen sehen die Dinge eins nach dem anderen, und entsprechend wachsen die Dinge für sie oder treten in Erscheinung, es sei denn, man ist so kindlich zu sagen, sie fallen vom Himmel oder werden vom Drachen verschlungen – wir glauben, die Wesen und Dinge «sterben», wie der Mond, hinweggetragen vom Drachen des Todes, dabei sind sie immer gegenwärtig, einzig vor unserer Sicht verborgen, und nichts stirbt oder verschwindet, sowenig wie etwas geboren wird oder erscheint wie Vollmond und Neumond. Etwas verfinstert unsere Sicht, das ist alles. Und behaupten wir, dieses mehr oder weniger große Selbst sei das Ergebnis unserer mehr oder weniger wunderbaren Fähigkeiten, so liegen wir damit ungefähr so richtig wie der Wilde, der zum erstenmal durch ein Teleskop blickt und behauptet, diese unbekannten Sterne und blinkenden Lichter am Rande des Alls seien das Ergebnis unserer Instrumente. Die Welt «erreicht» uns nicht und nichts «erreicht» uns: wir erreichen nach und nach eine vollständige Sicht. Und je erfüllter diese Sicht, desto mehr nähert sich die Welt der Vollkommenheit, die ihr immer eigen war.

Was aber verfinstert unsere Sicht?

Ebensogut läßt sich fragen: Was verfinstert die lineare Sicht des Tausendfüßlers? Oder was verfinstert den Lotos im Samen? Das

Universum entsteht für unsere Augen graduell, unsere Augen aber sind in Wirklichkeit der höchste Blick, der sich vor sich selbst verbirgt, um durch die Ewigkeit der Zeiten und durch unsere Millionen von Augen und unter unseren Millionen von Farben und Gesichtern die einzige Vollkommenheit zu erblicken, die er in einer ewigen weißen Sekunde sah. Die Welt ist *eins* und eine globale Einheit, selbst die Wissenschaftler sagen uns das und versuchen die Gleichung dieser Einheit zu finden. Und um diese Einheit wiederherzustellen, haben sie die Materie beinahe bis ins Unendliche hinaus dividiert und subdividiert. Sie haben ein Infinitesimal berührt und ein noch infinitesimaleres Infinitesimal, eine Unermeßlichkeit und eine noch größere Unermeßlichkeit. Diese Einheit ist jedoch sowenig eine Summe oder eine Reduktion ins Mikroskopische, wie die Ewigkeit eine Anzahl von Jahren bis ins Unendliche ist oder die Unermeßlichkeit eine Anzahl von Kilometern plus einem weiteren Kilometer. Die Einheit ist vollkommen gegenwärtig in jedem Punkt des Raumes und in jedem Bruchteil der Zeit genauso wie in allen Unendlichkeiten und Unermeßlichkeiten zusammengenommen. Jeder Punkt enthält das Ganze, jede Sekunde ist eine Ewigkeit, die sich selbst betrachtet. Und wir, die wir uns an diesem Punkt und in dieser Sekunde befinden, wir sind unendlich und vollständig, und alle Erden, alle Galaxien durchlaufen unseren zentralen Punkt, ein ewiger Lotos leuchtet in unserem Herzen – nur erkennen wir das nicht, wir erkennen es nach und nach. Und es genügt nicht, es in unserem Kopf zu erkennen und in unserem Herzen – in unserem Körper müssen wir es erkennen. Dann wird das Wunder wahrhaftig vollständig sein, und der ewige Lotos von den Gipfeln des Geistes wird für immer in unserer Materie und in jeder Sekunde der Zeit leuchten.

Diese Vollkommenheit, diese Einheit der Substanz und des Bewußtseins und des Seins gleicht dem goldenen Weltgedächtnis, ist das verschwommene Abbild, das jedes Wesen und jedes Ding zu erheischen und zu ergreifen sucht, der Ansporn des großen Weltdursts, der Motor ihres ungeheuren Bedarfs zu sein, zu umfassen und zu wachsen, gleich einer hartnäckigen Erinnerung, welche die Wesen und die Dinge und selbst die Galaxien in eine tödliche Umarmung wirft, die eine Umarmung der Liebe sein möchte, die alles verstehen möchte, alles in ihrem Umfang enthalten und besitzen und umfassen möchte. Jedes Ding bemüht sich tastend darum: die Seeanemone mit ihren Tentakeln, das Atom in seinem Gravitationsfeld und der Mensch in seiner Intelligenz oder in seinem Herzen. Unser Durst aber bleibt ungestillt, bis er nicht alles ergriffen, alles umschlungen hat in seinem Wesen, und bis keine Parzelle des Universums mehr verbleibt, die nicht zu unserer Substanz geworden ist, denn in Wahrheit ist alles bereits seit jeher unsere Substanz und unser Wesen und unser eigenes Gesicht unter Millionen von Lächeln oder Leiden, die ihr Lächeln suchen – die nicht wirklich lächeln können, bis sie nicht das gefunden haben, was sie seit jeher gewesen sind. Es gibt kein anderes Leiden in der Welt, keinen anderen Mangel, keine Kluft, und solange dieser Bedarf nicht erfüllt ist, gehen wir und gehen wir, und die Atome fahren fort, in ihrem Wirbeln leichtere und reinere Materie zu schaffen, die Seeanemonen fahren fort, nach ihrer Beute zu greifen, und die Menschen ihre Schätze zu zählen, zu rauben oder zu lieben – dennoch ist allein eines liebenswert, und solange sie nicht alles lieben, lieben sie niemals wirklich und besitzen nichts als ihren Schatten.

Dieses Selbst, dieses große Selbst, das wir sind, warum hat es sich in Millionen von Wesen und Dingen zerteilt, vervielfältigt und atomisiert? Warum dieser lange Weg zur Selbst-Erkenntnis zweiten Grades? Dabei hat es sich gar nicht «zerteilt», es hat sich nie in Sternenstaub aufgelöst, der durch Lichtjahre getrennt ist, in Bewußtseinsschwingungen, die durch Hornhaut, Rinde oder Rüstung des Wesens getrennt sind, in kleine Menschen, separiert durch eine weiße oder schwarze Haut und einige unbestimmte Gedanken. Nichts war wirklich je getrennt, und unsere Sterne vereinen sich in einem einzigen kleinen Stern, der im Herzen der Menschen und in jedem Ding, jedem Kiesel des Universums leuchtet. Wie wäre es uns jemals möglich, die Welt zu erkennen, wenn wir nicht schon die Welt wären – man kann nur das erkennen, was man selber ist, und alles, was wir nicht sind, ist schlicht und einfach inexistent oder unsichtbar für unsere Augen; der morgige Tag läßt sich nur erahnen, und diesen Unfall, den zehntausend Kilometer entfernten Schmerz oder Gedanken, den im freien Feld verborgenen Schatz, dieses so winzige Leben unter einem

Blatt vor unseren Augen können wir nur verspüren, weil wir damit verbunden und eins sind und alles schon zugegen ist, augenblicklich und ohne Trennung, morgen und übermorgen, hier und dort, vor unseren Augen und außerhalb unserer Augen – es gibt keine Trennung, es gibt einzig und allein Augen, die schlecht sehen. Eine Summe von Unsichtbarem wird nach und nach sichtbar, vom Protoplasma zur Raupe und weiter zum Menschen, und wir erschöpfen bei weitem noch nicht die ganze Palette. Vielleicht werden wir morgen erkennen, daß die Distanz zwischen diesem Land und jenem anderen, diesem Wesen und jenem anderen, zwischen heute und morgen so brüchig und täuschend ist wie das Grasbüschel, das eine Raupe im gleichen Feld von einer anderen trennt. Und wir werden die Mauern von Raum und Zeit so überschreiten, wie wir heute das Grasbüschel der Raupe überschreiten.

Innerhalb dieser großen unteilbaren Einheit, dieser Weltenfülle, dieses globalen Selbst haben wir uns kleine Stückchen von Raum und Zeit ausgestanzt, Partikeln von Ich und Nicht-Ich, ein Proton, ein Elektron, ein Mehr und ein Weniger untrennbar ineinander verschränkt, Gut und Böse, Tag und Nacht verkettet, das eine unvollständig ohne das andere, niemals vollständig miteinander, denn alle Nächte und alle Tage zusammen ergeben niemals die Fülle eines Tages, die Addition aller Mehr und aller Weniger, alles Gut und Böse, aller Ich und Nicht-Ich ergibt keine volle Schönheit, kein einziges Wesen. Und wir haben die Einheit durch eine Menge ersetzt, die Liebe durch Liebschaften, den Rhythmus durch Akkorde, die sich brechen und wieder verbinden, dabei ist unsere Verschmelzung nie mehr als eine Summe, und das Leben wird aus dem Tod geboren, als erfordere es ohne Ende die Zerstörung, um zu sein, die Trennung, um wiederzuverbinden und noch einmal den Schein von Einheit vorzutäuschen, der nichts ist als die Summe einer gleichen Trennung, eines gleichen Gut und Böse, eines Mehr oder Weniger, eines Selbst, das eine Million vergangener Selbste ist, nicht aber ein einziger Tropfen der Fülle. Wir haben einen kleinen Kreis im Großen Unteilbaren Leben gezogen, eine Parzelle des Seins in einer Gelatine-Kapsel eingeschlossen, einen Ton aus dem großen Rhythmus unter einem animalischen oder menschlichen Panzer ausgesondert und einige harte und schneidende Gedanken des großen Regenbogenflusses ergriffen, der seine Strähnen über die Büsche der Welt streckt. Wir haben den Großen Blick im Herzen der Dinge in eine Million irreduzible Facetten zerteilt. Und da wir nun nichts mehr sehen konnten von der großen geharnischten, fragmentierten und synkopierten Welt, haben wir Augen erfunden, um das zu sehen, was wir entfernt haben, Ohren erfunden, um das zu hören, was überall flüstert, Finger erfunden, um ein paar Fragmente einer vollen Schönheit zu berühren, die wir verstümmelt haben, und den Durst, das Verlangen, den Hunger, für all das, was wir nicht mehr sind – Tausende und Abertausende von Antennen, um den einzigen Ton zu erheischen, der unsere Herzen erfüllt. Und da wir nichts ohne diese künstlichen Mittel erfassen konnten, haben wir geglaubt, daß die Welt ohne diese Augen, diese Sinne, diese grauen Zellen – diese ach so grauen Zellen – unerreichbar wäre, daß sie der Information auf unseren kleinen Bildschirmen entspräche, und vielleicht sogar, daß wir die Erfinder einiger gebrochener Wellen seien, die unsere Antennen streifen. Wir haben «ich» gesagt, «die anderen» und wieder «ich» und immerfort «ich» über Jahrhunderte und Jahrhunderte hinweg, unter einer schwarzen oder gelben Haut, unter einem Panzer in Athen oder Theben, unter den Ruinen hier und dort, unter denselben alten Ruinen des kleinen Ichs, die sterben, ohne zu verstehen, die in Bruchteilen leben, die genießen, ohne jemals wirklich zu genießen, und die wieder und wieder zurückkehren, um zu verstehen, was sie nicht verstanden haben, und vielleicht eines Tages die Erfüllte Stadt des großen Selbst zu schaffen. Und wenn wir diese Fülle berühren, wird sich unser Gut nicht mehr mit unserem Böse widerstreiten, unser Mehr mit unserem Weniger, denn alles wird unser Gut sein und in demselben Sinne fließen; unsere Nächte werden nicht mehr das Gegenteil unserer Tage sein, unsere Lieben kein Bruchteil aller Lieben, unsere kleinen Töne kein herzzerreißender Schrei des Großen Tons, denn mit unseren Millionen von Instrumenten wird es nur noch eine Musik geben und nur noch eine Liebe unter einer Million Gesichtern und nur noch einen großen Tag mit seinen kühlen Schatten und Regenbogenkaskaden unter dem großen Weltenbaum. Dann wird es vielleicht nicht mehr notwendig sein zu sterben, weil wir das Geheimnis des Lebens gefunden haben, das aus seiner eigenen Freude wiedergeboren wird – man stirbt nur aus Mangel an Freude und um eine immer größere Freude zu finden.

* * *

Dieses Ganze, dieses große Ganze, hatten die Weisen in ihren Visionen gesehen, einige wenige Dichter und Denker: «All das ist unsterblich Brahman und nichts anderes. Brahman ist vor uns, Brahman ist hinter uns, im Süden und im Norden und unter uns und über uns; er erstreckt sich überall. Alles das ist Brahman allein, dieses ganze großartige Universum.[20] Du bist der Mann und Du bist die Frau; Du bist der Junge und das Mädchen und Du bist der verhärmte Greis, der über seinen Stab gebeugt dahingeht. Du bist der blaue Vogel und der grüne und jener mit den glutroten Augen.[21] Du bist Das, O Svetaketu.»[22]

Dieses große Ganze, das wir sind und das auf den Gipfeln des Bewußtseins leuchtet, hinterließ einige hieroglyphische Spuren auf den Mauern von Theben und nährte die Eingeweihten hier und dort – mitunter betraten wir ein weißes Lodern über den Welten, oder wir lösten das kleine Ich in einem Blitz auf und tauchten in ein kosmisches Bewußtsein… Und nichts von alledem hat je etwas an der Welt geändert. Noch immer hielten wir nicht den Leitfaden, der jene Vision mit dieser Erde verbinden und eine neue Welt mit einem neuen Blick schaffen würde. Unsere Wahrheiten blieben zerbrechlich, die Erde blieb aufständisch – und sie hatte recht. Warum sollte sie sich den höheren Erleuchtungen unterwerfen, wenn dieses Licht nicht ihre Materie berührt, wenn sie nicht selber sieht, nicht selber erleuchtet wird? In Wahrheit ist die Weisheit sehr weise und die Finsternis der Erde ist sowenig eine Negation des Geistes, wie die Nacht eine Negation des Tages ist; sie ist im Gegenteil eine Erwartung und ein Ruf nach Licht, und solange wir nicht *dort* das Licht rufen, besteht für es kein Grund, sich von seinen Höhen herabzubemühen. Solange wir unsere Nachtseite nicht ihrer Sonne zuwenden, wird sie nicht mit Licht erfüllt werden. Suchen wir die solare Totalität auf den Gipfeln des Mentals, erhalten wir die Totalität auch dort, in einem netten Gedanken; suchen wir sie im Herzen, erhalten wir sie im Herzen, in einer zarten Regung – suchen wir sie in der Materie und in jedem

Augenblick, erhalten wir dieselbe Totalität in der Materie und in jedem Augenblick der Materie. Man muß wissen, wo man sucht. Verständlicherweise wird man das Licht nicht da finden, wo man es nicht sucht. Und schließlich entdecken wir dann vielleicht, daß die Erde gar nicht so finster ist: unser Blick war verfinstert, unser Mangel an Sein bewirkte den Mangel der Dinge. Der Widerstand der Erde ist unser eigener Widerstand – und das Versprechen einer soliden Wahrheit: ein unzähliges Ausbrechen von Regenbögen in verkörperten Myriaden, anstelle eines leeren Leuchtens auf den Höhen des Geistes.

Der Sucher der neuen Welt hat seine Suche allerdings nicht geradlinig verfolgt, er hat seine Türen nicht verschlossen, die Materie nicht abgelehnt, seine Seele nicht geknebelt. Er trug seine Suche überall mit sich, auf der Straße und auf der Rolltreppe, in der Menge und in der leeren Finsternis der Millionen Gesten für nichts. Er hat jedes Ödland mit Sein belebt, sein Feuer in all den Eitelkeiten entzündet und seinen Bedarf an der Nichtigkeit genährt, die ihn erdrückte. Er war keine kleine zugespitzte Konzentration, die sich direkt in höchste Höhen begab, um in dem weißen Frieden des Geistes sanft zu entschlafen; er war dieses Chaos und dieser Aufruhr und dieser Abweg nach rechts und links und im Nichts; er zog alles in sein Netz – jedes Auf und jedes Ab, jedes Schwarz, jedes weniger Schwarz und jedes sogenannte Weiß, jeden Fall und alle Rückfälle – er hielt alles in seinem kleinen Umfeld mit einem Feuer im Zentrum, einem Bedarf nach Wahrheit in dem ganzen Chaos, einem Hilferuf im Nichts. Er war ein verwickelter Kreislauf, ein endlos gewundener Weg, von dem er nichts weiter wußte, als daß er sein Feuer dort und auch dort in sich trug – sein Feuer für nichts und alles. Und er erwartete nichts mehr von nichts und niemandem, war einzig eine Sanftheit des Brennens, als sei das Feuer ein Endzweck in sich, das Sein in all der Leere, die einzige Anwesenheit in dieser unermeßlichen Abwesenheit. Schließlich wurde es sogar etwas wie eine ruhige Liebe für nichts, für alles, hier und dort. Und nach und nach begann sich das Nichts zu entzünden, die Leere fing Feuer unter seinem Blick, die Nichtigkeit belebte sich mit einer ähnlichen Glut. Und alles begann zu antworten; die Welt begann überall aufzuleben, überall zu leuchten, in der Schwärze und in der Weiße, in der Höhe und in der

Tiefe. Es glich einer Geburt überall, aber unendlich klein, mikroskopisch: ein Regen kleiner Wahrheiten, die hier und dort tanzten, in den Tatsachen, in den Gesten, den Dingen und den Begegnungen – es schien sogar, als kämen sie ihm entgegen. Eine seltsame Mehrung, eine Art goldener Ansteckung.

Und langsam trat er ein in ein Ganzes, ein bizarres Ganzes allerdings! Oh, es hatte nichts von seinem kosmischen, transzendenten oder eklatanten Bewußtsein – und war doch wie Millionen kleiner goldener Eklats, flüchtig, ungreifbar, beinahe spöttisch –, vielleicht sollte man sagen, ein mikrokosmisches Bewußtsein? Und warm: eine solche Süße plötzlicher Wiederbegegnung, ein Erblühen des Wiedererkennens, ein Schwall unbegreiflicher Zärtlichkeit, als lebte und vibrierte das, antwortete in allen Ecken und Enden und Richtungen. Entstand nun eine Frage, ein Zweifel, eine Unsicherheit über jemanden oder etwas, ein Problem der Handlung, eine Besorgnis darüber, was zu tun oder nicht zu tun sei, so schien es seltsamerweise, als empfinde er die Antwort *in lebendigen Tatsachen* – keine Erleuchtungen, keine Inspirationen, keine Offenbarungen oder Gedanken, nichts von alledem: eine materielle Antwort in den Umständen, als schickte sich die Erde, das Leben selbst an zu antworten, als kämen die Umstände selbst, ihn an der Hand zu nehmen, um ihm zu sagen: siehst du! Und keine großen Umstände, keine sensationellen Blitze: winzige Tatsachen, während man von einer Straßenseite auf die andere überwechselte. Plötzlich kam die Sache zu ihm, die entsprechende Person, die Begegnung, das Geld, das Buch, das unerwartete Ereignis – die lebendige Antwort. Oder im Gegenteil, während er so sehr auf diese Neuigkeit hoffte (sofern er noch nicht von der Krankheit der Hoffnung geheilt war), während er auf diese Abmachung, den ruhigen Frieden, die klare Lösung wartete, stürzte er unversehens in ein viel größeres Chaos, als gerate alles über Kreuz – die Menschen, Dinge, Tatsachen –, oder er wurde krank, fiel einem «Unfall» zum Opfer, öffnete erneut die Tür einer alten Schwäche und schien ein weiteres Mal den alten Kreislauf des Leidens wiederaufzunehmen. Bis er zwei Stunden oder zwei Tage oder zwei Monate später erkannte, daß diese Widrigkeit genau das Notwendige gewesen war, um ihn auf diesem Umweg zu einem weiteren Ziel zu führen, das er nicht vorhergesehen hatte; daß diese Krankheit seine Substanz läuterte, einen falschen Kurs unterbrach und ihn erleichtert auf den Sonnenweg zurückführte; daß diese Falle alte Schlupfwinkel enthüllte und sein Herz klärte; daß diese ärgerliche Begegnung von solch vollkommener Exaktheit war und ein ganzes Netz von neuen Möglichkeiten oder zu bezwingenden Unmöglichkeiten aus der Taufe hob; und daß alles minutiös seine Kraft, seine Erweiterung, seine äußerste Schnelligkeit durch Tausende von Umwegen vorbereitete. Alles bereitete ihn auf alles vor. So beginnt er in eine Folge kleiner unvorstellbarer Wunder, seltsamer Zufälle, beunruhigender Zusammentreffen einzutreten... als wüßte wahrhaftig alles, wüßte jedes Ding, was es zu tun habe, und ginge direkt auf sein mikroskopisches Ziel zu, inmitten von Millionen Passanten und Begebenheiten. Dem Sucher beginnt es unglaublich zu erscheinen, er zuckt mit den Achseln und wendet sich ab, dann öffnet er ein Auge, schließlich ein zweites und bezweifelt seine Verwunderung. Alles ist von einer solch mikroskopischen Exaktheit, einer solch unglaublich fabulösen Präzision inmitten dieses gigantischen Geflechts der Leben und Dinge und Umstände, daß es einfach nicht möglich ist – wie ein Ausbruch totalen Wissens, das mit einem Schlag diese Ameise auf der Hauptstraße ebenso umfaßt wie die Tausenden von Passanten und all ihre Bewegungen, all die besonderen Umstände ihrer Vergangenheit, Gegenwart und Zukunft, um dieses einzige Zusammentreffen herbeizuführen, diese unglaubliche kleine richtige Sekunde, in der alles stimmt, übereinstimmt, unabänderlicherweise *ist* und die einzige Antwort auf eine einzige Frage gibt.

Dann beginnen sich die Tatsachen zu wiederholen, die «Zufälle» häufen sich – der Zufall enthüllt nach und nach ein unzählbares Lächeln; oder vielleicht ein anderes Selbst, ein großes Selbst, das seine Totalität ebenso kennt wie jedes Teil seiner Totalität und jede Sekunde seiner Welt, so wie unser Körper das kleinste Beben seiner Zellen kennt, die vorbeisurrende Fliege und den Rhythmus seines Herzens. Nun beginnt der Sucher mit weit offenen Augen in ein grenzenloses Erstaunen einzutreten. Die Welt ist ein einziger Körper. Die Erde ein einziges Bewußtsein in Bewegung. Ein Körper allerdings, dessen Bewußtsein nicht um einige graue Zellen im Dachgeschoß zentriert ist: ein grenzenloses Bewußtsein überall zentriert und von solcher Totalität in der kleinsten ephemeren Zelle wie in der Geste, welche die Bestimmung der Nationen umstürzen wird. In jedem Punkt antwortet Bewußtsein auf Bewußtsein. Der Sucher hat die kleinen zugespitzten Wahrheiten des Mentals hinter sich gelassen, die geometrischen und dogmatischen Linien des Gedankens: er betritt eine unaussprechliche Fülle der Sicht, eine volle Wahrheit, in der jeder Teil seinen Sinn und jede Sekunde ihr Lächeln hat, jede Finsternis ihr Licht, jede Härte ihre wartende Süße. Tastend entdeckt er «den Honigbrunnen unter dem Felsen»[23]. Jeder Fall ist eine Stufe der Erweiterung, jeder Schritt ein Aufbrechen der unaufhaltsamen Blüte, jede Widrigkeit ein Hebel der Zukunft. Der Fehler ist ein Sprung in unserem Rüstzeug, durch den eine Flamme reiner Liebe scheint, die alles versteht.

X

Harmonie

Wir mögen versucht sein zu behaupten, dies seien Phantasien und unglaubwürdige Wunder. Tatsächlich jedoch verhält es sich damit sehr einfach.

Es gibt keine Wunder, es gibt nur eine unermeßliche Harmonie, welche die Welt mit einer Genauigkeit und einem Feingefühl regiert, die sich in der Begegnung der Atome ebenso zeitigen wie in der Frühlingsblüte, der Rückkehr des Vogelzugs oder der Begegnung der Menschen und der Entfaltung der Ereignisse an diesem Kreuzweg der Zeiten. Es gibt eine unermeßliche, einzige Bewegung, von der wir uns getrennt glaubten, weil wir unsere kleinen mentalen Wachttürme an den Grenzen unserer Erkenntnis errichteten und schwarzgestrichelte Linien über die anmutigen Erdenhügel legten, so wie andere ihre Jagdgründe absteckten und die Möwen ihren weißen Archipel auf dem schaumbedeckten Meer. Und weil wir uns diese oder andere Scheuklappen aufsetzten, um uns vor der beängstigenden Größe unserer Erden zu schützen, diese Zwergengrenzen errichteten, um unseren kleinen Acker zu bestellen, die kleine Energiewelle in unseren Segeln fingen, diese goldenen (oder weniger goldenen) Leuchtkäfer in den Netzen unserer Intelligenz ergriffen, diesen kleinen Ton einer zu großen Harmonie erhaschten, dachten wir, die Welt folge unseren Gesetzen oder wenigstens unsere Gesetze der unfehlbaren Weisheit unserer Instrumente und Berechnungen, und daß alles, was über diese Quadrierung der Welt hinausging oder ihr durch die Maschen schlüpfte, undenkbar sei oder nicht existent, «wunderbar» oder halluzinatorisch. Und damit gingen wir unserer eigenen Falle in die Falle. Und dank einer großzügigen Zuvorkommenheit – die vielleicht eines der mächtigsten Mysterien bleibt, die es zu erhellen gilt – begann die Welt unseren Entwürfen gelehrter Kinder zu ähneln, begannen unsere Krankheiten den ärztlichen Fieberkurven zu folgen, unsere Körper der verschriebenen Medizin, unsere Leben dem vorgeschriebenen Gleis zwischen zwei Mauern der Unmöglichkeit, und selbst unsere Ereignisse beugten sich unseren Statistiken und Hypothesen über sie. Tatsächlich wurde unsere Welt von einem Ende zum anderen und vom Scheitel bis zur Sohle mentalisiert: der Gedanke ist der letzte Magier auf der chronologischen Liste, nach dem mongolischen Schamanen, den Thebener Okkultisten und dem Hexenmeister der Bantus. Bleibt die Frage, ob unsere Magie besser ist als die übrigen – aber Magie ist es, und wir sind noch nicht all ihrer Macht gewahr. In Wirklichkeit gibt es aber nur eine Macht, die sich eines Amuletts ebensogut zu bedienen weiß wie eines tantrischen *Yantra**, einer Einstimmung sakraler Gesänge oder einer Differentialgleichung zweiten Grades – selbst unseres vergeblichen kleinen Gedankens. Was wollen wir? Das ist die Frage.

Wir manipulieren das Denken, egal wie; im allgemeinen manipulieren wir es nicht einmal: es manipuliert uns. Wir unterliegen einer Invasion von Tausenden nutzloser Gedanken, die unser inneres Reich kreuz und quer durchstreifen, unwillkürlich, völlig nichtig, zehnmal, hundertmal in der Zeit, in der wir die Straße herabgelaufen sind oder eine Treppe erklimmen. Es handelt sich kaum um Gedanken, sondern um einen Gedankenstrom, der sich daran gewöhnt hat, einigen unserer Konvolutionen, Zirkumvolutionen und Windungen zu folgen, und der sich entsprechend unseren Neigungen, unserem Geschmack, unserer Erblast, unserem sozialen Umfeld in mehr oder weniger eintönige oder schillernde Farben kleidet und sich in den jeweils bevorzugten oder gewohnten Worten, einer blauen oder grauen Philosophie, dieser oder einer anderen Sprache ausdrückt – dabei ist es der gleiche Strom, der überall fließt: die mentale Mechanik dreht, wendet und knetet fortwährend eine gleiche Schicht oder einen gleichen Intensitäts-

* Eine geometrische Figur, der sich tantrische Okkultisten bedienen, um bestimmte Kräfte zu materialisieren.

grad des allgemeinen Stroms. Diese Tätigkeit verschleiert alles, umhüllt alles, trübt alles durch ihre schwere und haftende Wolke. Der Sucher der neuen Welt aber ist einen Schritt hinter diese Mechanik getreten, er hat die kleine stille Lichtung im Hintergrund entdeckt, hat ein Feuer der Not im Zentrum seines Wesens entfacht und trägt dieses Feuer in sich, wohin er auch geht. Und alles ist für ihn anders. Er beginnt die mentale Funktionsweise klar zu sehen, entnebelt in seiner kleinen Lichtung; er wohnt dem Großen Spiel bei, entdeckt Schritt für Schritt die Geheimnisse der mentalen Magie, die man vielleicht mentale Illusion nennen sollte; wenn es aber eine Illusion ist, dann eine sehr wirkungsvolle. Und die verschiedensten Phänomene beginnen sich seiner Beobachtung zu eröffnen, ein bißchen durcheinander zuerst, in wiederholten kleinen Lichtschüben, die schließlich ein zusammenhängendes Bild ergeben. Je klarer er sieht, desto stärker seine Einflußnahme.

Und die Klarheit nimmt langsam zu. Er sucht allerdings nicht klarzusehen, wenn man so sagen will, denn «suchen» heißt wiederum in Gefahr zu laufen, die alten Abläufe anzukurbeln, die Mechanik mit der Mechanik zu bekämpfen, die rechte Hand mit der linken. Darüber hinaus wissen wir nicht, was es zu suchen oder zu finden gilt! Beginnen wir mit einer «Idee», so begeben wir uns ausschließlich in Richtung dieser Idee, ein wenig wie der Arzt, der sich (und seinen Patienten) in seine Diagnose einsperrt: wir errichten im voraus Mauern, stellen Fallen für etwas, das nicht zu fangen ist – «das» gibt sich entweder selbst oder läßt es bleiben, das ist alles. Der Sucher (vielleicht sollten wir einfach sagen, der nach Geburt Suchende) kümmert sich nicht darum, die Mechanik anhalten zu wollen: er kümmert sich einzig und allein um sein Feuer. Er entfacht sein Feuer. Er konzentriert sich auf das Bedürfnis im Grunde, auf den herzzerreißenden Appell nach Sein innerhalb all des Treibens, diesen schon schmerzenden Durst in der Wüste der verstreichenden Dinge und Wesen, der Tage, die vergehen, als existierten sie nicht. Und sein Feuer brennt und wächst. Und je mehr es wächst, desto mehr verzehrt es die Mechanik, vertreibt die Wolken, die eitlen Gedanken, macht innen und ringsumher reinen Tisch. Die kleine Lichtung entsteht. Der kleine klare Strom beginnt zu fließen, der hinter seiner Stirn zu schwingen scheint, seinen Nacken anspannt, ihn mitunter sogar bedrängt – dann lernt er, ihn frei fließen zu lassen, die Passage nicht durch seinen Widerstand zu hemmen, sich geschmeidig und durchlässig zu machen. Er läßt sich vom Strom erfüllen, von der kleinen klaren Schwingung, die weiter und weiter klingt und ohne Unterlaß zu fließen scheint, gleich einer stummen Weise, die ihn begleitet, gleich einem Rhythmus, der zunimmt und ohne Ende schwingt, gleich zwei schwerelosen Vogelschwingen, die in seinem innersten Azur auf und nieder gehen und ihn überall stützen, etwas wie die Sanftmut und Süße eines ruhigen Blickes bilden, als träte das Leben zurück, weitete sich und versänke in einer klaren Unendlichkeit, in der allein dieser Rhythmus schwingt, allein diese sanfte, leichte und transparente Kadenz. Und alles beginnt außerordentlich einfach zu werden.

In dieser inneren Stille – eine Stille, die nicht leer ist, nicht einfach Abwesenheit von Lärm bedeutet, kein tonloses kaltes Weiß, sondern die sanfte Weite der offenen See, das Erfülltsein durch eine ihm innewohnende Süße, die weder Worte noch Gedanken noch Verständnis benötigt: sie ist das unmittelbare Verständnis, das Umfassen von allem, das augenblickliche und absolute Hier, was also fehlt? – beginnt der Sucher, der Geborene, das Spiel des Mentals zu durchschauen. Vor allem sieht er, daß seine tausendundeins Gedanken, seien sie grau oder blau oder hell, wirklich keinem Gehirn entstammen, sondern sozusagen in der Luft schweben, daß es Ströme, Schwingungen sind, die sich in unseren Köpfen in Gedanken umsetzen, sobald wir ihrer habhaft werden, wie die Wellen, die sich in unseren Fernsehern in Musik, Worte oder Bilder umsetzen, und daß alles sich regt, bewegt und auf unterschiedlichen Ebenen überschlägt, universell über unsere buntgescheckten Grenzen hinwegfließt; auf englisch, französisch oder deutsch ankommt; gelb, rot oder blau gefärbt ist, gemäß der Höhe unserer Antennen; rhythmisch gebrochen, zerstreut als mikroskopisches Gedankenpuder, entsprechend unserer Empfangsebene; musikalisch, knirschend, ungeordnet, je nach unserer Klarheit oder unserem Durcheinander. Er, der Sucher, der Lauschende hingegen, versucht nicht diesen oder jenen Kanal einzustellen, die Wählscheibe seiner Mechanik zu betätigen, um dieses oder jenes zu erheischen – er lauscht auf die Unendlichkeit und richtet seine Aufmerksamkeit auf eine kleine Flamme in seinem Zentrum, die so sanft ist und so erfüllt, frei von Störungen oder Wollen. Es verlangt ihn nur nach einem: daß die ihn erfüllende Flamme brennt und noch brennt; daß dieser Fluß weiter und weiter durch seine Lichtung fließt, wortlos, ohne mentale Bedeutung und doch voller Bedeutungen, als sei er Quelle aller Bedeutungen. Und manchmal, ohne daß er es erwartet oder will, erfaßt etwas seine Aufmerksamkeit: eine kleine Schwingung, ein kleiner Ton, der auf seine stillen Wasser fällt und einen ganzen Schwall von Wellen auslöst. Neigt er sich ein wenig, um dem nachzugehen, wendet sich diesem Wirbel zu (oder dem leisen Ton, dem appellierenden Punkt, dem Sprung in der Weite seines Wesens), so entsteht ein Gedanke, ein Gefühl, ein Bild, eine Wahrnehmung – als gäbe es keine Grenze zwischen dieser oder jener anderen Art der Umsetzung: es ist einfach etwas, das schwingt, ein mehr oder weniger klarer Rhythmus, ein mehr oder weniger reines Licht, das sich in ihm entzündet, ein Schatten, eine Schwere, ein Unbehagen, manchmal ein sprühender Funkenregen, tanzend, leicht wie Sonnenstaub auf dem Meer, ein Ausbruch von Zärtlichkeit, ein flüchtiges Lächeln – mitunter ein großer, tiefer Rhythmus, der aus dem Grunde der Zeiten zu ersteigen scheint, unermeßlich, ergreifend, ewig, und der ein unverkennbares heiliges Weltenlied entstehen läßt. Und es fließt mühelos, erfordert kein Denken oder Wollen, erfordert einzig zu sein und abermals zu sein und im Einklang mit der einzigen kleinen Flamme zu brennen, die dem Weltenfeuer gleicht. Und wenn es notwendig ist, klopft für einen Augenblick ein kleiner Ton an sein Fenster, und es ist exakt der richtige Gedanke, der Anstoß für die beabsichtigte Handlung, der Umweg nach rechts oder links, der einen unerwarteten Weg und eine ganze Folge neuer Antworten und Zusammenhänge eröffnet. Dann versteht der Sucher, der brennend Suchende, auf intimste Weise die Invokation jenes fünf- oder sechstausend Jahre alten vedischen Sängers: «O Feuer, laß in uns den richtigen Gedanken entstehen, der aus Dir entspringt.»[24]

Falsche Gedanken sind allerdings ebenfalls eine erstaunliche Quelle von Entdeckungen. Und offen gestanden erkennt man mehr und mehr, daß diese Unterscheidungen jeden Sinnes bar sind: denn was ist letztendlich nicht unser Wohl, was wendet sich schlußendlich nicht in jedem Falle zu einem größeren Wohl – die falschen Wege sind Teil des guten und bereiten einen weiteren Weg vor, eine vollständigere Vision unseres unteilbaren Reichs. Die einzige Falschheit besteht darin, nicht zu sehen, besteht in dem ungeheuren Grau-in-Grau, der *terra incognita* unserer beschränkten Karten: und wir haben die Landkarten erheblich beschränkt. Wir haben unsere Gedanken, Gefühle, Reaktionen, Wünsche auf den kleinen Rhein mit seinen Burgruinen und Festungen zurückgeführt, der unser Land durchfließt, auf unsere Elbe, deren Ufer so ausgezeichnet befestigt sind. Und tatsächlich haben sie sich angewöhnt, durch diese Kanäle zu fließen, hierhin und dorthin zu sprudeln, etwas weiter unten aufzuschäumen oder sich in unsere Sümpfe zu ergießen. Das ist eine sehr alte Gewohnheit, die nicht einmal von uns oder vom Affen herrührt, oder eine, die kaum weiter zurückreicht als bis zu unserer Schule, den Eltern oder der Zeitung von gestern. Wir haben uns Wege durch die Wildnis gebahnt, und in diesen verläuft nun der Strom – er folgt ihnen durchaus hartnäckig. Für den von der Mechanik befreiten Sucher werden die Windungen und Austrittspunkte deutlicher sichtbar. Er beginnt verschiedene Ebenen seines Wesens, verschiedene kanalisierende Zentren zu unterscheiden, und wenn der Strom durch den Solarplexus oder unterhalb des Kehlkopfes fließt, sind die Reaktionen und Auswirkungen verschieden; vor allem aber entdeckt er verblüfft, daß es sich überall um denselben Strom handelt, oben und unten sowohl wie rechts oder links, und daß das, was wir «Gedanken» oder «Begierde», «Wille», «Gefühl» zu nennen gewohnt sind, verschiedene Infiltrationen derselben Sache sind, die weder Gedanke noch Begierde noch Wille noch irgend etwas Derartiges ist, sondern ein Strahl, ein Tropfen, ein Katarakt einer identischen bewußten Energie, die hier oder dort eindringt durch unsere kleinen Elben oder schlammigen Styx und die ein Desaster oder ein Gedicht erzeugt, das Zittern eines Tausendfüßlers, eine Revolution, ein Evangelium oder einen eitlen Gedanken auf dem Boulevard – wir könnten fast sagen, «nach Belieben». Alles hängt davon ab, wie unsere Öffnung beschaffen ist und auf welcher Ebene sie liegt. Der wesentliche Punkt dabei aber ist, daß wir uns in Gegenwart einer Energie, das heißt einer Macht befinden. Und dort stehen wir schlicht und einfach vor der ungeheuren

Quelle aller Veränderungen, die auf der Welt möglich sind. Es ist so, wie wir es wollen! Wir können uns auf das eine oder auf das andere abstimmen, eine Harmonie oder eine Kakophonie erzeugen, nichts aber hindert uns, kein einziger Umstand der Welt, keine einzige schicksalhafte Begebenheit, kein einziges der sogenannten unausweichlichen Gesetze, daß wir unsere Antenne hierhin oder dorthin richten und den trüben und katastrophischen Fluß augenblicklich in einen kristallenen Strom verwandeln. Man muß wissen, wohin man sich öffnet. Und in jedem Augenblick der Welt, in jeder Sekunde, unter jedem widrigen Umstand, in jedem Gefängnis, das uns lebendigen Leibes einsperrt, können wir im Nu, durch einen einzigen Hilferuf, einen einzigen Durchbruch des Betens, einen einzigen wahren Blick, ein einziges Auflodern der kleinen inneren Flamme all unsere Mauern niederreißen und von Grund auf wiedergeboren werden. Alles ist möglich. Denn diese Macht ist die höchste Möglichkeit.

Glauben wir allerdings an nichts anderes als an den kleinen Rhein oder die kleine Elbe, dann ist die Lage selbstverständlich hoffnungslos. Und wir glauben leidenschaftlich, seit Jahrtausenden, an die Tugend unserer alten Kreise. Und sie besitzen auch eine ungeheure Macht – die Macht der Gewohnheit. Und es ist seltsam, sie scheint so unverrückbar zu sein wie Stahlbeton, so überzeugend wie alle alten Argumente der Welt, die alten Gewohnheiten, in diese oder jene Richtung zu fließen, so unwiderlegbar wie der Apfel Newtons – und für den sich öffnenden Blick so unsubstantiell wie eine Wolke: man haucht dagegen und sie zerfällt. Es ist die mentale Illusion, die ungeheure Illusion, die uns blendet.

* * *

Für den Suchenden entmystifiziert sich diese Illusion durch kleine, aber wiederholte Andeutungen, in winzig kleinen Erfahrungen, die ihn drängen, die Augen zu öffnen und es dann doch auf den Versuch ankommen zu lassen. Aber man muß es viele Male versuchen, bevor der Hebel sich zu fassen gibt, man muß sich unaufhörlich irren, den alten irrigen Kreisläufen folgen, um ihre falsche Macht zu entlarven. Wie immer verläuft die Erfahrung in der mikroskopischen Alltäglichkeit. Und er entdeckt die Macht der Gedanken. Genauer gesagt, er entdeckt die Wertigkeit der Energie, die sich als anscheinend winziger flüchtiger Gedanke ausdrückt, «einfach so» eindringt wie das Wasser in die Mühle.

Er ist klar und in seinem Feuer zentriert, von seiner Kadenz getragen, dann wirft er aus Gewohnheit die Mechanik erneut an, arretiert seinen Blick hier oder dort, erlaubt einem ganzen Schwall alter Reflexe, dieses Ventil zu öffnen, jenen Knopf zu drücken und in Sekundenschnelle ein ganzes Netzwerk zu ziehen, das gestaffelt zu vibrieren beginnt, eine Reaktion hier hervorruft oder ein Verlangen dort, eine Angst etwas weiter entfernt – der alte Kreislauf ist wieder angelassen, eine alte Befürchtung taucht wieder auf, eine Beklemmung, ein Zweifel, ein grundloser Defätismus. Tatsächlich gleicht es einem Kreislauf des Leidens. Und betrachtet er diese mikroskopische Katastrophe – die nichts weiter ist als ein Hauch, der vorüberstreicht – und fügt er das Gewicht einer Reflexion hinzu (noch nicht einmal einer Reflexion: ein einfacher Blick, der zögert), so bläht sich die kleine Aufregung weiter auf, verkrampft sich und setzt sich fest – man könnte es für eine winzig kleine Luftblase lebendiger Macht halten, vielleicht kaum größer als eine Fliege, aber sie klebt. Und das Bemerkenswerteste an ihr ist, daß sie mit einer unabhängigen Antriebskraft ausgestattet ist: sie geht hartnäckig, mechanisch, automatisch auf ihr Ziel los. Und vor den verblüfften Augen des Suchers, der hinreichend klar geblieben ist, um die Bewegung im einzelnen zu verfolgen, konkretisiert sich tatsächlich zwei Tage oder zwei Stunden oder zwei Minuten später das Ergebnis seiner Befürchtung, seines Verlangens, seines nichtigen Gedankens: er verstaucht sich «zufällig» den Fuß, begegnet einer alten Bekanntschaft, empfängt eine schlechte Nachricht, wird Teil des Chaos, das er vorausgesehen hatte. Alles verbündet sich und stimmt im negativen Sinne überein, bewegt sich auf diese kleine graue oder schwarze Seifenblase zu, als verübte sie eine Anziehungskraft auf genau die Umstände und Tatsachen, die ihrer eigenen Schwingung entsprechen oder «zusprechen». Das Ganze gleicht einer quasi-instanten chemischen Reaktion: dieser Tropfen Lackmus färbt sich ganz blau, rot oder schwarz. Es handelt sich um das genau umgekehrte Phänomen des «richtigen

Gedankens», der günstige Umstände herbeiführt. Es gleicht fast einer mikroskopischen Magie.

Und es ist tatsächlich Magie. Zehnfach, hundertfach erlebt der Sucher die Erfahrung erneut; da fängt er an, sehr interessiert die Augen zu öffnen, beginnt mittels einer winzigen Erfahrung ein ungeheures «Warum?» in den Raum zu stellen... Oh, die Geheimnisse der Welt sind nicht hinter Rauch und Feuerwerk versteckt! Sie sind hier, erwarten einen einfachen zustimmenden Blick, eine schlichte Seinsweise, die nicht allzeit ihre gewohnten Barrieren errichtet, ihre «Möglichkeiten», ihre «Unmöglichkeiten», ihre «Du-kannst-nicht», «Du-darfst-nicht», «Wenn-und-aber», ihre Unausweichlichkeiten und die ganze Reihe eherner Gesetze, ihre alten Gesetze des Menschentiers, das in seinem eigenhändig gebauten Käfig seine Runden dreht. Er schaut sich um, und die Erfahrungen beginnen sich zu häufen, als sprängen sie ihm ins Gesicht, als löste die schlichte kleine Bemühung von Wahrheit eine unzählige Antwort aus, führte Umstände, Begegnungen, Beweise herbei, um ihm zu sagen: siehst du, siehst du, so ist das. Ein unbeschreibliches Bewußtsein legt seinen Finger auf jede Begegnung. Das wahre Bild tritt hinter den Erscheinungen hervor. Eine Berührung der Wahrheit hier löst eine identische Wahrheit in jedem Ding und in jeder Bewegung aus. Und er sieht... sieht keine Wunder – oder eher, sieht obskure kleine Wunder, von blinden Magieren blind zusammengebraut. Er sieht Hunderte von armen Menschen, die an der schönen Seifenblase weben, sie geduldig und unablässig aufblasen, täglich ihren Hauch von Defätismus oder Verlangen oder Ohnmacht beifügen, ihr Miasma von Selbstzweifel, ihre kleinen tödlichen Gedanken und die buntschillernde Seifenblase mit ihrem Wissen und ihren kleinlichen Triumphen hegen und pflegen, die unerbittliche Seifenblase ihrer Wissenschaft, die Seifenblase ihrer Wohltätigkeit oder ihrer Tugend, und sie gehen, jeder Gefangener seiner eigenen Seifenblase im Netzwerk der Kraft, das sie Tag um Tag so sorgfältig gewebt, vergrößert, angesammelt haben: jede Handlung ist die Resultante dieses Drangs, jeder Umstand die obskure Schwerkraft dieser Anziehung, und alles verläuft mechanisch, unausweichlich, mathematisch, genau wie wir es in der schwarzen, gelben oder wurmzerfressenen Seifenblase gewollt haben. Und je mehr man sich wehrt und anstrengt und kämpft und diese Kraft hineinzieht, um die schöne oder weniger schöne Wand zu durchbrechen, desto härter wird sie, als verliehe unsere äußerste Anstrengung ihr eine äußerste Gegenkraft. So heißt man sich Opfer der Umstände, Opfer von diesem oder Opfer von jenem; man heißt sich arm, krank, glücklos; heißt sich reich, tugendhaft und triumphierend – heißt sich Tausende von Dingen unter Tausenden von Farben und Seifenblasen, und es gibt nichts von alledem, keine Reichen, keine Armen, keine Kranken, keine Tugendhaften, keine Opfer: es gibt etwas anderes, oh!, radikal anderes, das seine Stunde erwartet: eine heimliche Gottheit, die lächelt.

Und die Seifenblase wächst, umfaßt Familien, umfaßt Völker, Kontinente, nimmt alle Schattierungen an, alle Weisheiten, alle Wahrheiten und kleidet sie ein: das ergibt einen Hauch von Licht, einen Ton der Schönheit, das Wunder einiger Linien in eine Architektur oder in eine Geometrie geschlossen, einen Augenblick der Wahrheit, der heilt und befreit, die hübsche Kurve unserer Augen, die für eine Sekunde diesen Stern mit jenem Schicksal verbindet, diese Asymptote und jene Hyperbel, diesen Menschen und jenes Lied, diese Geste und jene Auswirkung, dann kommen andere Menschen – Menschen zu Tausenden –, welche die kleine Seifenblase weiter aufpusten und vergrößern, rosige und blaue und ewige Religionen schaffen, unfehlbare Erlösungen innerhalb der großen Seifenblase, Gipfel des Lichts, welche die Summe ihrer kleinen versammelten Hoffnungen sind, Abgründe der Hölle, welche die Summe ihrer sorgsam gehegten Ängste sind; sie kommen und fügen diesen Ton, jene Idee hinzu, dieses Körnchen Erkenntnis und jene Minute der Gesundung, diese Begegnung und jene Kurve, diesen Augenblick des Wirkens unter dem Staub von Myriaden Galaxien, sie errichten ihre schwarzen Tempel, gelben Tempel und schillernden Tempel, begründen unfehlbare medizinische Lehren innerhalb der großen Seifenblase, unbeugsame Wissenschaften, unerbittliche Geometrien, Krankheitsverläufe, Genesungsverläufe, Schicksalsverläufe, und alles dreht und windet sich innerhalb der großen fatalen Seifenblase, genau wie es die Medizin wollte, wie es der Gelehrte wollte, wie es dieser Augenblick des zufälligen Zusammentreffens unter unzähligen Myriaden von Linien des Universums für die Ewigkeit aller Zeiten entschied. Wir haben eine Minute aus der Welt herausgenommen und ein sublimes Gesetz daraus gemacht. Wir haben einen Funken erhascht und eine gigantische Bernsteinleuchte daraus gemacht, die uns in unserer großen Seifenblase blendet und erstickt. Und es gibt nichts von alledem – kein Gesetz, keine Krankheit, kein medizinisches oder naturwissenschaftliches Dogma, keinen Tempel der Wahrheit, keine ewige Kurve, nicht ein einziges Schicksal unter den Sternen –, es gibt nur einen ungeheuren mentalen Hypnotismus, und dahinter, weit, weit im Hintergrund und dennoch gegenwärtig, so sehr gegenwärtig, augenblicklich gegenwärtig gibt es etwas Uneinnehmbares, das keine Falle greifen kann, kein Gesetz einschränken kann, keine Krankheiten und kein Hypnotismus verletzen, keine unserer Erlösungen erlösen, keine unserer Sünden beflecken kann, selbst keine unserer Tugenden beflecken kann, das frei ist von allen Schicksalen und allen Verläufen, von allen goldenen oder schwarzen Seifenblasen – ein reiner unfehlbarer Vogel, der die Welt in einem Augenaufschlag neu erschaffen kann: Man verändert den Blick, und alles verändert sich. Die schöne Seifenblase hat ausgedient. Es ist hier gegenwärtig – wenn wir es wollen.

* * *

Platzt die Seifenblase, beginnt man in den Übermenschen einzutreten, beginnt in die Harmonie einzutreten. Oh, sie platzt nicht durch unsere Bemühungen, sie gibt nicht der Summe unserer Tugenden oder unserer Meditationen nach, die im Gegenteil die Seifenblase nur weiter verhärten, sie mit einem solch hübschen Glanz überziehen, einem so betörenden Licht, daß sie uns tatsächlich betört und wir mehr denn je ihre Gefangenen werden, indem sie an Schönheit gewinnt, noch unbeugsamer gefesselt durch unser Gutes als durch die Übel – es gibt nichts Härteres auf der Welt als eine Wahrheit in der Falle: sie verwandelt die Falle in ein Paradies als Zwangsanstalt. Die Wahrheit jedoch, die große Wahrheit, die schöne Harmonie läßt sich nicht von unseren Fallen fangen, sie macht sich nichts aus unseren Tugenden und angehäuften Meriten, aus unseren genialen Fähigkeiten oder aus unseren obskuren Beschränktheiten – denn wer ist groß, wer ist beschränkt oder obskur oder weniger obskur unter der Drift der Galaxien, die dem Staub einer großen Sonne gleichen? Die Wahrheit, die unaussprechliche Süße der Dinge und jedes Dings, das lebendige Herz von Millionen Wesen, die nicht wissen, erfordert nicht, daß wir wahr werden, bevor sie uns ihre Wahrheit offenbart – denn wer könnte wahr werden, wer könnte etwas anderes werden als das, was er ist; was vermögen wir in Wahrheit zu tun? Wir vermögen das Elend und das Leid bis zum völligen Überdruß hervorzubringen, wir vermögen Kleinlichkeit um Kleinlichkeit aneinanderzureihen, wir vermögen einen Fehler zu machen, der sich eines Körnchen Lichts brüsten kann, ein Wissen zu sammeln, das in seinem eigenen Morast strauchelt, von Gutem durchdrungen zu sein, das lediglich der leuchtende Schatten seines geheimen Bösen ist, Freiheit zu haben, die sich in ihrem eigenen Heil gefangensetzt – wir vermögen zu leiden und wieder zu leiden, und selbst unser Leiden ist eine geheime Lust. Die Wahrheit, die leichte Wahrheit entgeht unserer luminösen oder obskuren Schlinge, sie läuft, läuft und atmet mit dem Wind, gluckst und hüpft mit der Quelle, fließt überallhin, denn sie ist die Quelle aller Dinge, sie murmelt selbst noch auf dem Grund unserer Lügen, hat ein Augenzwinkern für unsere obskuren Seiten und lacht; sie stellt uns schwerelose Fallen, so schwerelos, daß wir nichts bemerken, gibt uns jeden Augenblick und jederorts tausend Zeichen, so flüchtig, so unerwartet, so entgegen unseren Sehgewohnheiten, so wenig ernst, daß wir glatt daran vorübergehen. Wir können uns keinen Reim darauf machen. Oder wir etikettieren sie als Inventar für unseren Zauberhut. Und sie lacht wieder. Sie spielt in unserem fleißigen Zauber mit, spielt unser Leid und unsere Geometrie, spielt den Tausendfüßler und den Statistiker, spielt alles – spielt, was auch immer wir wollen. Und eines Tages wollen wir nicht mehr, wollen nichts mehr von alledem, weder von unserem vergoldeten Elend noch von unserem fesselnden Licht, weder vom Gut noch vom Übel, noch von dem ganzen schillernden Aufzug, in dem sich jede Farbe in eine andere verwandelt, Hoffnung in Verzweiflung, Bemühung in einen Fehlschlag, der Himmel in ein Gefängnis, der Gipfel in einen Abgrund, Liebe in Haß und jeder errungene Sieg in eine neue Niederlage, als ergäbe jedes Mehr ein Weniger, jedes Für sein Wider und als ginge alles immerfort vorwärts, rückwärts, nach rechts oder links, stieße überall an die Mauern desselben Gefängnisses, gleich ob schwarz oder weiß, grün oder braun, golden oder weniger golden. Wir haben genug von alldem, wir sind nur noch dieser Notschrei im Grunde, dieser Ruf nach Luft, dieses Feuer um nichts, diese winzige unnütze Flamme, die mit unseren Schritten einhergeht, mit unseren Schmerzen einhergeht, die durch die Nächte und die Tage mit uns geht, durch Gut und Schlecht, durch Dick und Dünn, durch das Höchste und weniger Hohe und durch alles, alles. Da wird dieses Feuer zu dem Tropfen Gut in unserem Übel, unserem Schatz in dem Elend, unserem Lichtspalt in dem Chaos, das Alles-was-bleibt aus all den tausend verstreichenden Gesten und Lichtern, das winzige Nichts, das wie Alles ist, das winzige Lied eines großen fortschreitenden Elends – wir haben kein Gut oder Übel mehr, kein Hoch oder Niedrig, kein Licht, keine Finsternis, kein Morgen oder Gestern, es ist alles gleich, ist elendiglich in Schwarz oder Weiß, doch wir haben dieses winzige wachsende Feuer, das Morgen des Heute, dieses Murmeln der Süße auf dem Grunde des Schmerzes, diese Tugend unseres Lasters, diesen Tropfen heißen Seins im Hohen und Niedrigen, im Tag und in der Nacht, in der Scham wie in der Freude, in der Einsamkeit wie in der Menge, in der Billigung, in der Mißbilligung, es ist alles einerlei, es brennt und brennt: es ist morgen, es ist gestern, es ist jetzt und immer, es ist unser einziges Lied, unsere Weise des Seins, unser kleiner Ton aus Feuer, unser Paradies einer kleinen Flamme, unsere Freiheit einer kleinen Flamme, unser Wissen einer kleinen Flamme, unser Flammengipfel in einem Loch des Seins, unsere Unermeßlichkeit einer winzigen Flamme, die singt, man weiß nicht warum. Sie ist unser Gefährte, unser Freund, unser Partner, unsere Trägerin, unsere Heimat – *sie ist*. Und das ist gut. So hebt man eines Tages den Kopf, und es gibt keine Seifenblase mehr. Es gibt nur dieses Feuer, das mit sanfter Flamme überall brennt und alles erkennt, alles liebt, alles versteht, und es ist wie ein sorgloser Himmel ohne Umstände; es ist so einfach, daß niemand daran dachte, so ruhig wie ein Ozean in jedem Tropfen, so lächelnd, so klar, daß es alles durchdringt, überallhin gleitet – hier spielt, dort spielt, so transparent ist wie Luft, einem Nichts gleicht, das alles verändert und vielleicht alles ist.

Dann befinden wir uns in der Harmonie der neuen Welt.

Seltene Dichter und Weise hatten diese Harmonie berührt, einige wenige Musiker vernahmen sie und versuchten einige Töne dieser unermeßlichen Weise zu übersetzen. Sie fließt hoch oben auf den Gipfeln des Bewußtseins, ein Rhythmus ohne Ende, ohne Hoch oder Niedrig, in blauen Ewigkeiten, die fließen und fließen, gleich einer Freude, die sich selbst besingt, die ihren unermeßlichen Fluß über ewige Hügel rollt, die die Sternenkiesel und die Erdkörper und die Meere trägt, alles trägt in ihrem feurigen, ruhigen Ansturm: ein unsäglicher Laut, der alle Laute und alle Töne in einem wäre, eine Verschmelzung von Musik, ein einmaliger goldener Ausbruch, entsprungen dem Grunde der Zeiten, einem Schrei der Liebe, einem Schrei der Freude; ein reiner Triumph, der in einem einzigen Blick alle Welten und Zeiten sah und den Schmerz eines Kindes am Ufer des blauen Flusses, die Süße der Reisfelder und den Tod eines Alten, die winzige Ruhe des im Südwind zitternden Blattes und andere, unzählige andere, die immer dieselben sind, die auf dem großen Fluß kommen und gehen, hier und dort vorbeiziehen, die verstreichen, ohne jemals zu verstreichen, die wachsen und in der Ferne einer großen goldenen See entschwinden, aus der sie gekommen waren, getragen von dem kleinen Rhythmus des großen Rhythmus, von einem kleinen Funken des großen goldenen Feuers, das nicht erlischt, von einem kleinen beharrenden Ton, der alle Leben durchzieht, alle Tode und alle Freuden und alle Schmerzen; eine unbeschreibliche Ausdehnung von blauem Raum, der die Lungen mit einem ewigen Atem gleich einer Auferstehung erfüllt; ein Aufblühen von Musik überall, als sei der Raum nichts als Musik, nichts als singendes Blau – ein mächtiges, triumphierendes Fließen, das uns auf immer trägt, als seien wir in seine Schwingen der Pracht gehüllt. Und alles ist erfüllt, das Universum ist ein Wunder.

Doch die Erde, die kleine Erde dreht sich darunter, dreht sich in ihrem Schmerz, sie weiß nichts von alledem, sie sieht nicht die Freude, welche sie trägt, welche sie ist – denn wer könnte ohne diese Freude sein, die alles trägt, ohne diese Erinnerung an die Freude, die beharrt und an den Herzen der Wesen und Dinge zupft?

Ich, Erde, trage tiefere Mächte als der Himmel;
Mein einsamer Schmerz übersteigt seine rosigen Freuden
Ein roter und bitterer Samen der sieben Ekstasen;
Meine Dumpfheit erfüllt sich mit Echos einer fernen Stimme.

Durch mich erstrebt das äußerste Endliche, brennend,
Das Unbekannte des äußersten Unendlichen zu erreichen,
Das Ewige zerbricht in flüchtige Leben
Und die Gottheit ist verankert in Stein und Morast.[25]

Und der Rhythmus, der große Rhythmus zerstreute sich, zerfiel, zerstäubte, um in das Herz seiner Welt einzudringen und sich auf das Maß des Tausendfüßlers und eines kleinen im Winde schwingenden Blatts zu versetzen, um sich einem Gehirn verständlich zu machen, um von einem Passanten geliebt zu werden. Wir zogen synkopierte Melodien daraus, vielfarbene Gemälde, Freuden, Leiden, weil wir seinen ungebrochenen Fluß nicht mehr halten konnten, ohne zu bersten. Wir setzten ihn in Gleichungen und Gedichte, architektonische Pläne, lockten ihn in die Falle unserer Maschinen, sperrten ihn in ein Amulett oder in einen Gedanken, weil wir dem Druck seines unmittelbaren großen Flusses nicht mehr standhalten konnten. Und wir schufen Kavernen und Infernos, welche die Abwesenheit dieses Rhythmus waren, der Mangel an diesem ewigen Atem, das Ersticken des kleinen Menschen, der an seinen Schmerz allein glaubt, allein an die Knöpfe seiner Mechanik und an die Mauern seiner Intelligenz. Wir zogen Koordinaten, vervielfältigten, atomisierten bis ins Unendliche und konnten nun nichts mehr sehen, nichts mehr verstehen, denn wir hatten den einzigen kleinen Atem des großen Atems verloren, den einzigen kleinen Strahl der großen Bedeutung, den kleinen Ton, der alles liebt, alles versteht. Und da wir alles um uns herum verschlossen hatten, uns in einem Schneckenhaus verbarrikadierten, uns in den Harnisch unserer denkenden Logik warfen, ausgestattet mit Helmen und unfehlbaren Antennen, sagten wir, daß es diese Harmonie, diesen Rhythmus nicht gäbe, daß er weit, weit droben sei, als Paradies unserer Tugenden oder als das Knistern unserer kleinen Antennen, der Traum eines kollektiven Unterbewußten, das Produkt eines evolvierten Erdwurms, die Begegnung zweier verliebter Moleküle – gleich den Wilden der Vorzeit, die unbekanntes Land zerteilten, haben wir Raum und Zeit zerteilt, den noch nicht überquerten Ganges und Eldorado in eine andere Geographie verwiesen, als nette Furten des kleinen Flusses. Ganges und Eldorado aber befinden sich hier, nebst einer ganzen Reihe anderer Wunder, anderer Ströme des Großen Stromes, und alles liegt hier unter unseren Schritten, öffnen wir nur unser kleines Schneckenhaus und hören auf damit, das in den Himmel oder bis zum Jüngsten Tag zu verweisen, was in jeder Minute der Zeit und in jedem Kiesel des Raumes singt.

Dies ist die Harmonie der neuen Welt, die Freude des größeren Selbst, sie ist hier, augenblicklich hier, wenn wir es wollen. Es genügt, die Scheuklappen abzulegen. Es genügt ein wahrer Blick, ein einfacher Blick auf die große Welt. Es genügt ein kleines Feuer innen, das alle Schneckenhäuser und alle Schmerzen und alle Seifenblasen verbrennt – denn es gibt nur den einen Schmerz, dort eingeschlossen zu sein.

XI
Wandel der Macht

In Wahrheit aber drückt sich diese Harmonie der neuen Welt nicht durch große Symphonien oder ekstatische Freude aus; sie ist viel diskreter und viel wirksamer als das – oder, sollte man sagen, viel anspruchsvoller.

Es gibt nur eine Harmonie, so wie es nur ein Bewußtsein und nur einen einzigen terrestrischen Körper gibt, und das sind jene des größeren Selbst, doch diese Harmonie und dieses Bewußtsein enthüllen sich nach und nach, indem wir wachsen und unsere Augen wirklich öffnen, und ihre Auswirkungen variieren entsprechend der Ebene, auf der wir sie erfassen. Die Harmonie singt auf den Höhen und ist dabei groß und erhaben, jedoch sang sie dort über Jahrtausende und ganze Zeitalter hinweg, ohne viel an der Welt und den Herzen der Menschen zu verändern. Und die Evolution durchlief ihre Zyklen, versank scheinbar in eine rein materielle Verrohung und Undurchdringlichkeit, eine Ignoranz und Finsternis, die sich mit allen Kunstgriffen der Götter schmückte und uns glauben machen wollte, daß wir die Meister seien, wo wir doch die Sklaven einer Mechanik sind, Sklaven einer kleinen lokkeren Schraube, die bereits ausreicht, um die ganze schöne Maschine in die Luft zu jagen und dahinter den alten Wilden völlig intakt zu demaskieren. Aber die Evolution sank herab, stieß uns von unseren schwindelnden Höhen und unseren goldenen Zeitaltern, die vielleicht gar nicht so golden waren, wie man sagt, um uns zu zwingen, dieses Licht und diese Harmonie und dieses Bewußtsein auch hier zu finden, in dieser Niederheit, die nur für uns niedrig ist. In Wahrheit gibt es kein Herabsinken, kein Fallen, keine Rückkehr, es gibt nur eine unablässige Herabkunft der Wahrheit und der Harmonie, welche sich immer tieferer Schichten bemächtigen, um in ihnen das Licht und die Freude zu enthüllen, das sie immer gewesen sind – wären wir nicht gefallen, hätte das Licht niemals in unser Loch hinabdringen können, und die Materie wäre niemals aus ihrer Nacht hervorgetreten. Jeder Abstieg ist eine Lichtschneise, jeder Fall eine Stufe der Entfaltung. Durch unser Übel transmutiert sich die Substanz. Und unser Übel ist vielleicht schlicht und einfach das unbekannte Land, das wir seiner «Inexistenz» entreißen, so wie die Seefahrer des Kolumbus die gefahrenreichen Westindischen Inseln ihrer «Nacht» entrissen.

Die Passage ist allerdings gefährlich.

Tatsächlich löst die Wahrheit, wenn sie eine neue Schicht berührt, zuallererst eine entsetzliche Unordnung aus, wenigstens erscheint es uns so. Die ersten Auswirkungen der mentalen Wahrheit, als sie die Primaten berührte, müssen einfach traumatisch gewesen sein, das können wir annehmen, und unendlich subversiv in bezug auf die Ordnung und Effektivität der Affen; es genügt, daß ein Bauer zum erstenmal ein Buch in die Hand nimmt, um auf einen Schlag seinen schönen bukolischen Frieden umzustürzen und seine schlichte und gesunde Betrachtungsweise der Dinge aus dem Gleichgewicht zu bringen. Die Wahrheit ist eine große Störerin, und tatsächlich, ohne ihr ständiges Stacheln und ihren Druck auf die Welt wäre der Stein auf immer und ewig in seiner mineralischen Seligkeit verblieben und der Mensch in seiner zufriedenen Wirtschaftsordnung – aus diesem Grunde vermag kein Super-Wirtschaftsprogramm, kein Triumph ingeniöser Politik, keine Vervollkommnung des Egalitarismus und der Verteilung menschlicher Reichtümer, selbst kein Gipfel an Wohltätigkeit und Philanthropie das Herz des Menschen zu befriedigen und den unwiderstehlichen Ansturm der Wahrheit aufzuhalten. Die Wahrheit kann vor nichts haltmachen als vor der Totalität der Wahrheit, der totalen Freude und der Harmonie jedes Teilchens und des ganzen Universums – und auch dann wird sie nirgendwo stehenbleiben, denn sie ist unendlich, und ihre Wunder sind unermüdlich. Wir haben die sehr natürliche und anthropozentrische Tendenz zu erklären, daß wir große Anstrengungen unternehmen, um das Licht und die Wahrheit und dieses und jenes zu finden, doch dies ist vielleicht eine Vermessenheit, und der Lotossamen wächst unaufhaltsam seinem Licht entgegen, entreißt sich dem Sumpf und bricht in der Sonne auf, trotz all seiner Anstrengungen unterwegs, etwa eine Seerose oder eine Supertulpe zu werden – und die Sonne drängt und drängt, stampft und knetet und fermentiert ihre rebellische Erde, bringt ihre chemischen Ingredienzen zum Sieden und bricht die Hülse, bis alles zu seiner äußersten Schönheit gebracht wurde, trotz all unserer Bemühungen unterwegs, nichts weiter als einen sozialen und intelligenten Biedermann zu schaffen. Und die große Sonne der Evolution drängt ihre Welt, zerbricht die alten Formen, läßt zukünftige Ketzereien gären und die bis zur Geschmacklosigkeit konservierte Weisheit der mentalen Legislatoren überkochen. Gibt es eine verzweifeltere und leerere Epoche, die entsetzlicher in ihren mageren Errungenschaften und lackierten Tugenden gefangen war als die sogenannte «belle époque»? Der Lack platzt, und um so besser; die glänzende Maschine platzt, und um so besser; all unsere Tugenden und mentalen Versicherungen und unsere Träume einer großen wirtschaftlichen Kirmes auf Erden brechen zusammen, und das ist wiederum um so besser. Die Wahrheit, die große Harmonie, die sein muß, nimmt unsere intellektuellen Sturzhelme unerbittlich in die Zwinge, demaskiert jedes Fleckchen Schmutz, jede Schwäche, quetscht alles Gift heraus und verrührt ihre Menschheit gleich dem «Ozean der Unbewußtheit» der puranischen Legenden, bis sie ihren Nektar der Unsterblichkeit hervorgebracht hat.

Der Sucher wird gewahr – auf seinem kleinen Maßstab, innerhalb des Mikrokosmos, den er repräsentiert –, daß die Harmonie der neuen Welt, das neue Bewußtsein, das er tastend berührt, eine fabelhafte transformative Macht darstellt. Früher mochte sie in der Höhe gesungen, Gedichte und Kathedralen der Weisheit und Schönheit inspiriert haben, sobald sie aber die Materie berührt, setzt sie die Miene der zornigen Mutter auf, geißelt ihre Kinder und formt sie mitleidlos nach dem Bildnis ihrer fordernden Aufrichtigkeit – und des Mitgefühls, der grenzenlosen Gnade, die genau rechtzeitig innehält, genau die richtige Dosis verabreicht, kein Gramm Schmerz mehr vergießt als unabdingbar ist. Beginnt der Sucher seine Augen diesem Mitgefühl zu öffnen, dieser unendlichen Weisheit im kleinsten Detail, den undenkbaren Umwegen, die zu einer vollständigeren und weiteren Vollkommenheit führen, den ausgefeilten Unklarheiten, den sorgfältig abgestimmten Aufständen, den Abstürzen in ein größeres Licht, dem unendlichen Vorstoß einer Schönheit, die keinen Fleck, keinen Zufluchtswinkel, keine Schwäche oder versteckte Kleinlichkeit, keine Windung der Lüge im Verborgenen beläßt, so gerät er in ein Erstaunen, das alle siderischen Großartigkeiten und allen kosmischen Zauber überschreitet, denn wahrlich, um einen so mikroskopischen Punkt der Materie zu berühren, so nichtig unter den Sternen, so verstrickt in seinem Wirrwarr von Schmerz und Revolte, in seinem obskuren Widerstand, jederzeit bedroht von einem Desaster und den Millionen von kleinen Desastern, die es jeden Tag und mit jedem Schritt zu beheben gilt, den Millionen von kleinen Schmerzen, die es zu transzendieren gilt, ohne die Welt zu zerbrechen, dafür erfordert es tatsächlich eine Macht, wie sie die Erde noch nie gesehen hat: überall bricht die Krankheit aus, in jedem Land, jedem Bewußtsein, jedem Atom des großen terrestrischen Körpers – die erbarmungslose Revolution, die Transmutation im Sturm –, und doch wird hier und dort, in jedem Bewußtsein, jedem Land, jeder Parzelle des großen zerrissenen Körpers die Katastrophe im letzten Augenblick vermieden, entfaltet sich das Beste allmählich aus dem Schlimmsten, erwacht das Bewußtsein und tragen uns unsere strauchelnden Schritte, gegen unseren Willen, vor das äußerste Tor der Befreiung. Dergestalt ist die unermeßliche Harmonie, die imperative Macht, die der Sucher mit jedem Schritt und in seiner eigenen Substanz entdeckt.

Damit gelangen wir zu einem neuen Wandel der Macht. Eine neue Macht, wie es sie seit den ersten Anthropoiden niemals gegeben hat, eine Sturmflut der Macht, die nichts mehr gemein hat mit unseren kleinen philosophischen und spirituellen Meditationen der vergangenen Zeitalter, ein terrestrisches, kollektives, vielleicht universelles Phänomen, in so radikaler Weise neu wie der erste Einbruch der Gedanken in die Welt, als das Mental die Affenordnung und ihre intuitiven Gesetze und Mechanismen über den Haufen warf. Jetzt jedoch handelt es sich wirklich um das Phänomen der Entstehung einer neuen Welt, keine Macht der Abstraktion, keine Geschicklichkeit im Überfliegen und keine Fähigkeit, vereinzelte Gegebenheiten der Welt auf Gleichungen zu reduzieren, um eine (stets hinkende) Synthese daraus abzuleiten – das Mental hat von allem abstrahiert, es lebt in einem Abbild der Welt, einer gelben oder blauen Spiegelung der großen Seifenblase, es ist der Mensch in einer gläsernen Statue –, keine Macht zweiten Grades, die addiert und deduziert, keine Sammlung von Erkenntnissen, die niemals ein Ganzes ergeben, es ist eine unmittelbare Macht der Wahrheit jeden Augenblicks und jeden Dinges, in Einklang mit der totalen Wahrheit der Millionen Augenblicke und der Millionen Dinge, eine «Macht einzudringen» in die Wahrheit jeder Geste und jedes Umstands, die sich mit allen anderen Gesten und allen übrigen Umständen harmonisieren, weil die Wahrheit *eins* ist und das Selbst eins ist, und wird dies einmal berührt, ist der ganze Rest augenblicklich berührt, gleich einer Übertragung von Zelle zu Zelle eines selben Körpers; es ist eine ungeheure Macht der Konkretisierung der Wahrheit, welche unmittelbar auf dieselbe Wahrheit wirkt, die in jedem Punkt des Raumes und in jeder Sekunde der Zeit enthalten ist, oder eher, die jeden Augenblick, jeden Umstand, jede Geste, jede Zelle der Materie zwingt, ihre Wahrheit hervorzubringen, ihren wahren Ton, ihre eigene Macht, die unter den Schichten unserer mentalen und vitalen Ablagerungen vergraben liegt – ein ungeheures Wahr-Stellen der Welt und aller Wesen. Wir könnten sagen, eine ungeheure Bewegung der «Verwirklichung» – die Welt ist nicht wirklich! Sie ist eine deformierte Erscheinung, eine mentale Annäherung, die eher einem Alptraum gleicht, eine Schwarzweißübertragung von etwas, das wir noch nicht erfaßt haben: wir haben noch nicht unsere wahren Augen! Denn es gibt definitiv nur eine Realität, und das ist die Realität der Wahrheit – eine Wahrheit, die wächst, die sich mit Mauern schützen mußte, sich einschränken, in das Grau dieser oder jener Schale, dieser oder jener Seifenblase hüllen mußte, um von einer Raupe oder einem Menschen gefühlt zu werden, und die schließlich in ihre eigene Sonne ausbricht, wenn sich die Schwingen jenes großen Selbst entfalten, das wir immer gewesen sind.

Dieser Machtwechsel aber, dieser Übergang von den indirekten und abstrakten Wahrheiten des Mentals zu der direkten und konkreten Wahrheit des großen Selbst, vollzieht sich nicht auf den Höhen des Geistes, das ist offensichtlich – die mentale Gymnastik nützt hier so wenig, wie die Behendigkeit des Affen die mentale Macht unterstützte. Der Übergang vollzieht sich auf ebener Erde, im Bereich des Alltäglichen, im Winzigen, in den Nichtigkeiten des Augenblicks, der nur für uns nichtig ist, wenn man versteht, daß ein Staubkorn ebensoviel Wahrheit enthält wie die Totalität aller Räume und ebensoviel Macht. Es geht also um außergewöhnlich materielle Mechanismen: das Spiel verläuft in der Substanz. Folglich stößt es gegen Widerstände so alt wie die Zeit, gegen eine Seifenblase, die vielleicht die erste defensive Blase des Protoplasmas in seinem Wasserloch war. Doch schließlich erweist es sich, daß «die Widerstände den Absichten der Großen Exekutiv-Kraft durch ihren Widerstand viel mehr helfen, als daß sie sie behindern»[26]. Und letztlich wissen wir nicht, ob es einen einzigen Widerstand, eine einzige mikroskopische Barriere, ein einziges Spiel von Schatten und Schmerzen gibt, welche nicht heimlich genau die Macht erbauen, die wir freizusetzen suchen. Entspringt sie zu früh, wäre die Wahrheit unvollständig oder unerträglich für die übrigen Versuchstierchen, welche unser Wasserloch mit uns teilen und sie schnell verschlungen hätten – wir vergessen ständig, daß wir ein einziger Menschenkörper sind, und unsere Irrtümer und Trägheit sind die Irrtümer und Trägheit der Welt. Erringen wir allerdings einen Sieg hier, in diesem kleinen Punkt von Materie, erringen wir ihn damit in allen Punkten der Welt. In Wahrheit hat jeder von uns Menschenwesen eine ungeheure Aufgabe zu vollbringen, wenn er es nur begreift. Unsere Geburt auf der Welt ist ein mächtigeres Geheimnis, als wir anzunehmen geneigt waren.

* * *

Seit langem hat sich der Sucher nun der mentalen Mechanik entledigt, hat auch Ordnung in die vitale Mechanik gebracht, und falls alte Begierden, Willensregungen, Reaktionen auftauchen und seine Lichtung trüben, gleicht das mehr einem Bild im Kino, das aus Gewohnheit auf die Leinwand projiziert wird, dem aber keine reale Substanz zukommt: der Sucher hat die Gewohnheit verloren, sich in die Leinwand zu versetzen und sich für diese oder jene Persönlichkeit dort zu halten – er schaut, er ist klar, beobachtet alles, ist zentriert in seinem Feuer, das all diese Wolken auflöst. Von nun an und mehr und mehr gibt sich eine andere Ebene der Wirrnis zu erkennen, eine andere Stufe der Mechanik (es handelt sich entschieden um einen «Weg des Abstiegs»), eine materielle, unterbewußte Mechanik. Und solange er nicht klar ist, sieht er nichts davon und ist unfähig, diese Fäden zu entwirren, die so sehr mit unseren gewohnten Tätigkeiten verschmolzen, «mentalisiert» sind wie alles übrige, daß sie ein vollkommen natürliches Netz bilden. Diese materielle, unterbewußte Mechanik wird jetzt sehr konkret, wie die Wirbel der Goldfische im Aquarium. Stellen wir gleich klar, daß es sich nicht um die kleine unterbewußte Fischbrut der Psychoanalytiker handelt; diese ist Teil der mentalen Seifenblase, schlicht die Kehrseite des kleinen Biedermanns der Oberfläche, die Aktion seiner Reaktionen, der Knoten seiner Begierden, die Erdrosselung seiner geschätzten Kleinheit, die Vergangenheit seiner alten kleinen Geschichte innerhalb der Seifenblase, die Ziegenleine seines kleinen separierten Egos, angebunden an den sozialen, familiären, religiösen Pflock und die unzähligen Pflöcke, welche den Menschen in einer Seifenblase festhalten. Und wir haben den starken Verdacht, daß diese Träumer weiterhin in ihrer psychoanalytischen Seifenblase träumen, so wie andere weiter in ihrer religiösen Seifenblase träumen, von Höllen und Himmeln, die ausschließlich in der mentalen Vorstellung der Menschen existieren – aber solange man sich innerhalb der Seifenblase befindet, ist sie unerbittlich und unwiderlegbar: ihre Höllen sind wirkliche Höllen, ihr Dreck ist wirklicher Dreck,und man ist Gefangener einer kleinen Wolke, sei sie leuchtend oder finster. Nebenbei sei bemerkt, daß man sich nicht vom Schlamm befreit, indem man im Schlamm wühlt und krankhaft die Umwege und Abwege des kleinen Kaspers an der Oberfläche nachzuvollziehen sucht – genausogut kann man versuchen, sich in einer trüben Pfütze zu waschen – man befreit sich nicht von der Seifenblase durch die Lichter der Seifenblase oder vom Übel durch ein Gutes, das nur seine Kehrseite ist, sondern durch etwas anderes, das nicht von der Seifenblase herrührt: einem einfachen kleinen Feuer im Inneren und überall, dieses Feuer ist der Schlüssel der Freiheit, aller Freiheiten und der Welt.

Dieser unterbewußte Widerstand ist sehr schwierig zu

beschreiben: er hat Tausende von Gesichtern, ebenso viele wie es verschiedene Individuen gibt, und für jeden nimmt er eine andere Färbung an, das «Syndrom», wenn man so will, ist in jedem Falle ein anderes, jeder hat sein besonderes Theater, mit eigener Dramaturgie, mit seinen bevorzugten «Situationen», seinem kleinen oder großen Hampelmann. Dabei ist es derselbe Hampelmann unter jedweder Couleur, dieselbe Geschichte hinter all den Worten und derselbe Widerstand überall. Es ist *der* Widerstand. Der Punkt, der nein sagt. Er enthüllt sich nicht sofort, ist schwer faßbar, schlau. Tatsächlich glauben wir ihm wohl, daß er das Theater liebt, es ist ja der Grund seines Daseins, das Salz seiner Existenz, und hat er kein Drama mehr zum Ausmalen, erfindet er ein neues aus freien Stücken – er ist der Dramaturg par excellence. Und er ist womöglich der große Dramaturg schlechthin des ganzen schmerzlichen und chaotischen Lebens, das wir hier sehen. Jeder aber hütet sorgsam seine Kleinausgabe des «großen Schmerzensmannes»[27], wie ihn Sri Aurobindo nannte. Das Drama der Welt wird aufhören, wenn wir beginnen, unser eigenes kleines Drama zu beenden. Der finstere Kasper aber schlüpft uns durch die Finger: einmal aus der mentalen Szenerie vertrieben, in der er seine erklärende und fragende Mechanik in Gang hielt – er ist ein unaufhörlicher Fragesteller, stellt Fragen, rein aus dem Vergnügen, sie zu stellen, und beantwortet man sie alle, erfände er sofort neue, denn er ist auch ein großer Zweifler – aus dem Mental ausquartiert, taucht er eine Stufe tiefer und spielt seine Nummer auf der vitalen Szene. Dort findet er bereits festeren Grund (je tiefer er eindringt, desto mehr verfestigt er sich, und ganz auf dem Grunde, ganz unten, ist er die Festigkeit selbst, der Knoten schlechthin, der nicht mehr reduzierbare Punkt, das absolute Nein). Auf der vitalen Szene kennen wir alle mehr oder weniger seine Tricks, sein großes Spiel der Passionen, Leidenschaften und Begierden, der Sympathie und Antipathie, des Hasses und der Liebe – tatsächlich aber sind all das die zwei Gesichter derselben Nahrung, und das Übel schmeckt ihm ebenso wohl wie das Gute, das Leiden ebenso wie die Freude, es handelt sich allein um die Art, etwas so oder so zu verschlingen. Selbst Wohltätigkeit und Philanthropie kommen ihm sehr gelegen, er bläht sich auf diese Art oder auf eine andere. Je tugendhafter er ist, um so härter wird er. Idealismus und Patriotismus, heilige und weniger heilige Anliegen sind ihm sehr gelegener Proviant. Er besitzt die Kunstfertigkeit, sich mit wunderbaren Motiven auszustatten, man findet ihn auf den Wohlfahrtsveranstaltungen der barmherzigen Damen ebenso wie auf den Friedenskonferenzen – der Frieden ist aber niemals zugegen, versteht sich, denn sollte es durch ein Wunder tatsächlich Frieden geben oder die Heilung und Rettung aller Kranken und Armen auf der Welt, was bliebe ihm dann noch, um zu leben? Aus dieser Szene wiederum vertrieben, taucht er noch eine Stufe tiefer und verschwindet in den Verliesen des Unterbewußtseins. Jedoch nicht auf lange. Dort beginnt er deutlichere Formen anzunehmen, sein wahres Gesicht zu zeigen; er ist ganz winzig und hart geworden, eine Art grimassierende Karikatur: «der groteske Elf», wie ihn Sri Aurobindo nennt.

[Der Mensch] beherbergt einen grotesken Elf
Versessen auf Sünde und Gram.
Der graue Elf scheut der Flamme des Himmels
    Und aller Dinge freudig und klar;
Allein durch Genuß, Leidwesen und Schmerz
    Dauert sein Drama an.[28]

Er ist zu allem bereit, hängt sich an ganz gleich was, bedient sich des kleinsten Sprungs, um die Bildfläche wieder zu besetzen, des geringsten Vorwands, um seine Tintenwolke auszuspeien und alles augenblicklich darin einzuhüllen. Eine dichte, schwarze und sofort klebende Wolke. Es ist ein Todeskampf, denn er weiß sehr wohl, daß er sterben wird. Es ist seine letzte große Hand – die Karte, die er jetzt ausspielt, ist für ihn die letzte dieser Welt. Im Grunde, im allerletzten Grunde liegt ein Knoten mikroskopischen Schmerzes, etwas, was die Sonne und die Freude fürchtet, das erstickt und Angst vor der Weite hat. Es ist hart wie Stein, vielleicht so hart wie das Urgestein der Erde. Ein finsteres NEIN gegenüber dem Leben, ein NEIN gegenüber allem. Etwas, das nicht will. Es ist da und will nicht. Vielleicht ist es die Essenz des Todes, die Wurzel der Nacht, der erste Schrei der Erde unter dem Ansporn der Sonne der Wahrheit.

Und dort verweilt er bis zum Ende – bis zum Ende des Endes –, verweilt dort, vielleicht um uns zu zwingen, auf den Felsgrund hinabzusteigen und unser unsterbliches Gesicht unter der Maske des Todes zu entdecken. Wäre er nicht dort, hätten wir womöglich schon alle die Flucht in die Himmel des Geistes ergriffen. Doch es heißt, daß unsere Unsterblichkeit und unser Himmel in der Materie und durch unseren Körper errungen werden müssen.

Erheischen wir diesen jammervollen Elf – denn er ist das Leidwesen an sich –, kurz bevor er sich gänzlich vergräbt, zeigt er uns seine unmerkliche alltägliche und materielle Mechanik. Hier liegt der große Widerstand gegen den Wandel der Macht, der Maulwurfshügel, der das Gesetz der Harmonie aufzuhalten versucht. Deshalb findet die Schlacht jetzt dort statt, sowohl im Mikrokosmos als auch im Makrokosmos. Er gleicht einer Karikatur (oder dem tatsächlichen Gesicht) all der zivilisierten und kultivierten Aktivitäten des brillanten Elfs der höheren Ebenen: Zweifel, Furcht, Gier, Eigendünkel, all die Verkrampfungen, Befürchtungen und Vorbehalte des mentalen Pseudopodiums. Es ist ein mikroskopischer und lächerlicher Ablauf, und sollten wir seiner durch Zufall gewahr werden, so verwerfen wir ihn achselzuckend und messen ihm keinerlei weitere Bedeutung bei. Doch damit liegen wir vollkommen falsch. Wir betrachten alles aus der Höhe unserer mentalen Arroganz, als sei dieser Unsinn folgenlos: er hat sehr schwerwiegende Folgen. Wir merken das nicht, weil wir in unseren logischen und symmetrischen Wolken leben. Das Leben aber knirscht, ist ein ungeheures universelles Knirschen, dessen Ursprung in diesen lächerlichen Sandkörnchen begründet liegt. Auf der Ebene der Materie gibt es keine «Kleinigkeiten», denn alles besteht dort aus ihnen, und eben diese absurde Reaktion des Zweifels oder die Furcht ist das unberechenbare Äquivalent der mentalen Fehleinschätzung, die uns dazu führt, die Tür vor einer brillanten Gelegenheit zu verschließen. Wir verschließen ständig die Tür vor der Harmonie, kehren dem Wunder den Rücken, verbarrikadieren neue Möglichkeiten und arbeiten uns noch dazu krank daran. Denn auf der materiellen Ebene fließt die Harmonie nicht in majestätischen Symphonien durch die großen Arterien des Geistes; sie arbeitet mit dem, was sie hat: sie sickert durch winzige Kanäle, entlang den zerbrechlichen kleinen Fasern, die in unserem materiellen Bewußtsein vibrieren; sie dringt ein in kleinen Tropfen, Strahlen, diskreten Quanten, die wie nichtig erscheinen – ein verstreichender Atem, die Spur eines Lächelns, eine grundlose Welle des Wohlbehagens – und die alles verändern. Wir bemerken die Veränderung nicht, denn wir leben in unserem gewohnten Chaos, unserer alltäglichen Erstickung, der Sucher aber, der in sich etwas klarer geworden ist, spürt diese kleinsten Veränderungen der Dichte, die plötzlichen Hemmungen, die mikroskopischen Ausdehnungen, die Luftlöcher in seiner materiellen Substanz. Er sieht den beinahe augenblicklichen Effekt einer winzigen Emanation des Zweifels, einer absurden Furcht oder scheinbar grundlosen Anspannung, der lächerlichen morbiden Vorstellung, die seine Atmosphäre streift. Er entdeckt Tausende von heimtückischen kleinen Pulsschlägen, trügerischen Rhythmen, finsteren Impulsen innerhalb des großen materiellen Teiches. Er legt den Finger auf die Furcht, die große, gierige und sich zusammenziehende Furcht, welche die Welt wie ein Protoplasma in ihrer Gelatine-Membrane einhüllt – die geringste Berührung, der leiseste Luftzug, der winzigste Sonnenstrahl, und sie kontrahiert, verschließt die Türen und rollt sich in ihrer Membrane zu einem Knäuel zusammen. Die unmittelbare Reaktion gegenüber allem ist NEIN; dann wieder, mitunter, ein herausgeblöktes Ja, wie getrieben von derselben Furcht, nur etwas zu verpassen. Der Sucher entdeckt die phantastische morbide und defätistische Vorstellungswelt der Materie, als bedeute das Leben für die Materie eine Art entsetzlicher Invasion, von der sie sich nie ganz erholt hat, einen Sturz vielleicht von der ursprünglichen Wonne des Steins, einen Einbruch des Todes inmitten ihrer friedfertigen Routine. In allem lauert ja die Katastrophe – die große Katastrophe des Lebens –, so wird das Schlimmste erwartet, das Schlimmste vorhergesehen, beinahe das Schlimmste erhofft und herbeigerufen, damit endlich diese Tragödie des Lebens aufhöre und alles sich aufs neue in der seligen Unbewegtheit des Staubes beruhige. Er entdeckt, wie Krankheiten entstehen, Materie sich zersetzt, die Substanz altert – der große Schmerz zu leben, die Verkrampfung seiner selbst, das innere Ersticken, das Verhärten all der kleinen Arterien, durch welche der Tropfen Harmonie, der alles heilt, sich hätte einschleichen können. Er hört bis zum völligen Überdruß das kleinste Stöhnen, den Groll in Scheibchen, die verletzte Verneinung der Materie und vor allem – vor allem – ihr verzweifeltes

Leitmotiv: «Dies ist nicht möglich, jenes ist nicht möglich...» Alles ist «nicht möglich» für sie, denn die einzig sichere Möglichkeit besteht in der unverletzlichen Unbewegtheit des Steins. Denn jede Geste von Leben und Hoffnung ist noch eine Regung des Todes. Und sie schließt die Tür, verschließt sich dem Licht, verweigert sich dem Wunder – wir *alle* verweigern uns dem Wunder, sitzen fest auf unserem Krebs, sind Skeptiker vor der großen unsterblichen Harmonie, Zwerge der Erde, die an den Schmerz glauben, an die Krankheit glauben, an das Leidwesen glauben, an den Tod glauben: Es ist nicht möglich, nicht möglich, nicht möglich...

So lernt der Sucher die Lektion der Harmonie. Er lernt sie Schritt für Schritt, durch Rückschläge und Fehler, unscheinbare Fehler, die Krankheit und Verwirrung säen: In diesem Stadium verläuft die Erfahrung nicht mehr auf der Ebene der Erkenntnis oder im Herzen, sondern im Körper. Ein kaum wahrnehmbares Spiel von Empfindungen, so schwer greifbar wie das erste Zittern des Strahlentierchens unter dem Temperaturumschlag des Golfstroms und so voller physischer Folgen wie ein Sturm auf den hübschen Kornfeldern des Mentals oder ein Taifun auf den schlammigen Meeren des Vitals. Wir sind so dickfellig und blind auf den «höheren» Ebenen, daß wir einen Schlag auf den Kopf brauchen, um zu verstehen, daß dieser Mensch in Zorn geraten ist und daß in diesen so klaren Augen die Mordlust lauert; die Materie aber ist verfeinert; je mehr man sie beobachtet, desto mehr entdeckt man ihre unglaubliche Empfänglichkeit, die – leider – in beiden Richtungen funktioniert. Hundertfach, tausendfach wird der Sucher mit diesen Mikro-Taifunen konfrontiert, mikroskopischen Wirbeln, die auf einen Schlag das Gleichgewicht des Wesens umstürzen, alles einnebeln, in der geringsten Geste einen Geschmack von Asche und Verzweiflung hinterlassen, die Luft, die man atmet, zersetzen, alles zersetzen – eine allgemeine und augenblickliche Zersetzung, eine Sekunde lang, zehn Sekunden lang. Eine Verhärtung von allem. Und der Sucher wird plötzlich von Müdigkeit übermannt, er sieht die Krankheit kommen – und in der Tat kommt sie im Galopp. Welche Krankheit? – *Die* Krankheit. Und dahinter lauert der Tod. In einer Sekunde, zehn Sekunden gelangt man direkt zur Sache, berührt den wunden Punkt, es ist unwiderlegbar gegenwärtig, die gesamte Mechanik offengelegt. Wie ein plötzlicher Appell an den Tod. Und hier, außen, ist alles beim alten. Die Umstände sind die alten, die Gesten sind die alten, die Sonne scheint wie gehabt, und der Körper wandert hin und her wie üblich. Doch alles ist verändert. Es ist ein Blitz-Tod, eine Instant-Cholera. Dann zerfließt es wieder, löst sich auf wie Nebel, und man weiß kaum warum. Gibt man allerdings nach, wird man wirklich krank, bricht sich das Bein, hat einen wirklichen Unfall. Und der Sucher beginnt das Warum dieser mikroskopischen Umstürze des Gleichgewichts zu verstehen. Er ist einer Hölle in Miniatur-Format auf die Spur gekommen, die vielleicht der erste Samen des großen Übels mit Millionen Gesichtern ist, das erste Verhärten der großen seligen Versteinerung des Todes. Alles ist dort in diesem schwarzen Funken enthalten. An dem Tag aber, an dem wir die winzige vergiftete Schwingung packen, erhalten wir das Geheimnis der Unsterblichkeit oder wenigstens der beliebigen Lebensverlängerung. Man stirbt, weil man nachgibt, und man gibt in Tausenden von unmerklichen Augenblicken nach. Jeden Augenblick gilt es, seine Entscheidung zwischen Leben und Tod zu erneuern.

Dies ist allerdings noch immer eine negative und menschliche Art, die Erfahrung anzugehen. Tatsächlich möchte die Harmonie, die wunderbare Harmonie, welche die Dinge leitet, uns nicht die Gesetze der Hölle lehren, und seien es Höllen in Miniatur, sie sucht das sonnige Gesetz. Sie schleudert uns ihre Taifune, ihre Krankheiten entgegen, stürzt uns in das schwarze Loch, nur solange es unbedingt notwendig ist, um die Lektion zu lernen, keine Minute mehr; und von der Sekunde an, wo wir dieses Sonnenkorn aufgreifen, den kleinen Ton, den wunderbaren ruhigen Fluß im Herzen der Dinge, verändert sich alles, wird alles gut, wendet sich zum Licht: Es ist ein augenblickliches Wunder. Genaugenommen ist es kein Wunder, das Wunder ist überall, in jedem Augenblick, es ist die eigentliche Natur des Universums, seine Luft, seine Sonne, sein Atem der Harmonie: Wir versperren nur diesen Weg, errichten unsere Mauern, unsere Wissenschaften, unsere Millionen Apparate, die es «besser wissen» als die Harmonie. Man muß den Fluß fließen lassen, geschehen lassen – es gibt kein anderes Geheimnis. Sie «stößt uns nicht hinab», um uns zu erdrücken

Wer Bücher schenkt …

oder zu strafen, sondern um uns die Technik der Meisterschaft zu lehren. Sie möchte, daß wir wahre Meister ihres solaren Geheimnisses seien, daß wir voll und ganz das seien, was wir immer waren, frei und königlich und voller Freude, und sie wird auf unsere elenden Geheimnisse einhämmern und weiter einhämmern, bis wir gezwungen sind, an ihr Sonnentor zu schlagen, die Hände zu öffnen und ihre Süße über die Welt und in unsere Herzen fließen zu lassen.

Denn es gibt ein noch größeres Geheimnis. Wir stehen vor diesem ungeheuren Universum, das vor Schwierigkeiten und Negationen und Hindernissen nur so platzt – alles ist eine Art fortwährender Unmöglichkeit, die es kraft der Intelligenz, des Willens, des spirituellen oder materiellen Bizeps zu überwinden gilt. Indem wir dies aber tun, stellen wir uns auf die Seite der Raupe, auf die Seite des außer sich geratenen Gnoms in seinem Todesloch. Und da wir an die Schwierigkeit glauben, sind wir gezwungen, an unsere eisernen oder weniger eisernen Muskeln zu glauben – die in jedem Fall in die Brüche gehen. Und wir glauben an den Tod, glauben an das Übel, glauben an das Leiden, dem Maulwurf gleich, der an die Tugenden seiner Tunnel glaubt. Und durch unseren grotesken und morbiden Glauben, unseren jahrtausendealten Glauben, unseren Blick des grauen Elfs, haben wir die Schwierigkeit erhärtet, haben sie mit einem Heer von Apparaten und Abhilfen ausgestattet, welche sie alle noch mehr aufblähen und in ihrem aufhaltsamen Gleis fixieren. Eine ungeheure Illusion des Elfs umschlägt die Welt. Ein ungeheurer Tod drosselt sie, der nur unsere Angst vor der Unsterblichkeit ist. Ein ungeheures Leiden zerreißt sie, das nur unsere Verweigerung der Freude und der Sonne ist. Und alles ist bereits hier, alle möglichen Wunder unter der großen freien Sonne, alle erträumten und unerträumten Möglichkeiten, alle einfachen, spontanen und natürlichen Meisterschaften, all die einfachen Kräfte der Großen Harmonie. Und sie wünscht nichts mehr, als in die Welt zu strömen, durch unsere Kanäle und Körper zu fließen, sie wünscht nur, daß wir ihr den Durchgang öffnen. Und lassen wir unser Aggregat des Fleisches auch nur eine Sekunde von dieser Leichtigkeit, dieser göttlichen Freude, diesem solaren Lächeln durchfluten, schmilzt alles dahin, die Hindernisse lösen sich auf, die Krankheiten verschwinden, die Umstände ordnen sich wie durch ein Wunder, die Finsternis lichtet sich, die Mauer fällt – als hätte es sie niemals gegeben. Und wieder ist es eigentlich kein Wunder: Es ist allein das Wiederherstellen der Einfachheit, die Reinstitution der Wirklichkeit. Der harmonische Punkt hier tritt mit der Harmonie überall in Verbindung und führt die Harmonie spontan, automatisch, augenblicklich überall herbei (oder wieder herbei), in dieser Geste, diesem Umstand, dieser Rede, dieser Konstellation der Dinge – und alles ist eine wunderbare Übereinstimmung, denn alles fließt entsprechend der Gesetzmäßigkeit. Die Mauern hat es niemals gegeben, die Hindernisse hat es niemals gegeben, das Übel, das Leiden, den Tod hat es niemals gegeben, wir jedoch hatten den Blick des Übels, den Blick des Leidens und den Blick des Todes und den Blick des gefangenen Elfen – die Welt ist so, wie wir sie sehen; die Welt ist so, wie wir sie wollen; wohnt ein anderer Blick uns inne, kann alles transformiert werden. «Meine Kinder», sagte jene, die Sri Aurobindos Werk fortsetzte, «ihr alle lebt in einem ungeheuren Meer von Schwingungen, und ihr merkt es nicht einmal! Denn ihr seid nicht empfänglich. Es gibt in euch einen solchen Widerstand, daß, wenn etwas durchzudringen vermag, dreiviertel von dem, was eintritt, mit Gewalt zurückgewiesen und nach außen geworfen wird, da man es nicht in sich halten kann... Nehmt einfach das Bewußtsein der Kräfte, wie die Kraft der Liebe oder die Kraft des Verstehens oder die Kraft der Schöpfung (es gilt für alle: für die Kraft des Schutzes, die Kraft des Wachstums, die Macht des Fortschritts, für alle), nehmt das Bewußtsein, einfach dieses Bewußtsein, das alles umhüllt, alles durchdringt, überall gegenwärtig ist, in allem enthalten ist – das wird beinahe empfunden wie eine Gewalt, die sich dem Wesen, welches sich weigert, aufdrängen will! ... Wäre man hingegen offen und atmete einfach – das ist alles, man tut nur das –, so atmete man das Bewußtsein, das Licht, das Verständnis, die Kraft, die Liebe und all das andere.»[29] Alles ist unmittelbar vor unseren Augen gegenwärtig, das vollständige Wunder der Welt, das allein auf unsere Zustimmung wartet, auf unseren Blick des Glaubens an die Schönheit, des Glaubens an die Freiheit, des Glaubens an die höchste Möglichkeit, die an unsere Türen, an unsere Mauern der Intelligenz und des Leidens und der Kleinlichkeit hämmert. Das ist der höchste «Wandel der Macht», der an die Tore der Welt schlägt und die Nationen meißelt, die Kirchen und die Universitäten meißelt, das Bewußtsein eines jeden ebenso meißelt wie all unsere geometrischen und wohlgesonnenen Gewißheiten; und öffnet sich das Bewußtsein des Menschen nur einmal, ein einziges Mal einem Strahl dieses lebendigen Wunders, öffnet sich das Bewußtsein einer einzigen Nation unter all unseren blinden Nationen einem Funken dieses Segens, so zerbricht diese unerbittliche Zivilisation, eingemauert in ihre Wissenschaft, eingemauert in ihre Gesetze, eingemauert in den Elfen des Terrors und des Leidens, zerbricht dieses ungeheure Bollwerk, in das wir geboren werden und das uns so unentrinnbar erscheint, so unzerstörbar und triumphierend in seinen schwerfälligen Wundern aus Stahl und Uran, zerbricht dieses gelehrte Gefängnis, in dem wir uns im Kreise drehen, genauso schnell wie es geboren wurde und hinterläßt nichts als einen Haufen Rost. Dann werden wir endlich Menschen sein, oder vielmehr Übermenschen, werden die Freude erfahren, die natürliche Einheit, die Freiheit ohne Mauern und die Macht ohne Kunstgriffe. Dann wird sich herausstellen, daß all dieses Leiden und diese Mauern und diese Schwierigkeiten, die unser Leben bedrängen, allein der Ansporn der Sonne der Wahrheit sind, eine vorläufige Gefangenschaft, um unsere Kraft und unseren Bedarf nach der Weite und unsere Macht der Wahrheit zu stärken, ein Schleier der Täuschung, um unsere Augen vor einem zu starken Licht zu bewahren, ein obskurer Übergang von der instinktiven Spontaneität des Tieres zur bewußten Spontaneität des Übermenschen, und daß alles einfach ist, unvorstellbar einfach wie die Wahrheit selbst und unvorstellbar leicht wie die Freude, welche diese Welten gebar, denn in Wahrheit: «Der Weg der Götter ist ein Sonnenweg, auf dem die Schwierigkeiten alle Realität verlieren.» [30]

XII
Die Soziologie des Übermenschen

Dieser Wandel der Macht für sich genommen würde nicht genügen, um die Welt zu verändern, wenn er sich auf einige wenige Individuen beschränkte. Tatsächlich hat der Sucher gleich zu Beginn, bei seinen ersten Schritten erkannt, daß dieses Yoga des Übermenschen kein individuelles Yoga ist – obwohl das Individuum Ausgangspunkt und Instrument der Arbeit ist –, sondern ein kollektives Yoga, eine Art konzentrierter Evolution, bei der das Individuum lediglich der Außenposten ist, der Verbreiter der Möglichkeit, der Verkörpernde und Verteiler der neuen Schwingung. Es ist ein Yoga der Erde. Denn was bedeutet schon ein bewundernswerter Übermensch, der einsam und verlassen auf seinem eitlen Thron der Harmonie sitzt! Aber wir können uns gut vorstellen, daß die ersten Primaten, die, ohne es zu wissen, dem Yoga des Mentals folgten, nicht gleich in Legionen aufgetreten sind, und doch hat sich die mentale Möglichkeit von einem zum anderen übertragen. Sie lag sozusagen in der Luft und übte Druck auf die alte Ordnung der Affen aus. In ähnlicher Weise gibt es nun die übermenschliche Möglichkeit, sie liegt in der Luft, ihre Zeit ist gekommen, sie hämmert reichlich auf eines jeden Bewußtsein und auf alle Länder ein – die Menschen folgen dem Yoga des Übermenschen, ohne es zu wissen oder zu wollen. Wir tragen hier keine Theorie vor, sondern eine evolutionäre Tatsache, egal ob sie uns gefällt oder nicht! Es besteht allerdings ein kapitaler Unterschied zwischen der prämentalen Epoche und der unsrigen: Eines jeden Bewußtsein, sei es auch vermauert oder widerspenstig, finster oder kleinlich, hat die Möglichkeit, die Bedeutung seiner eigenen Evolution zu erfassen und kann dadurch den Vorgang beschleunigen und sich dem Prozeß zur Verfügung stellen. Darin lag der ganze wahre Zweck der mentalen Epoche, sie führte uns auf unwiderstehliche Weise zu dem Punkt, wo wir zu etwas anderem übergehen müssen, alle gemeinsam, mittels genau der Bewußtseinsentwicklung und der Kraft, die wir jeder für sich und jedes Land für sich in seiner kleinen individuellen Seifenblase angesammelt hat. Und die neue Ebene der Integration wird beweisen, daß der Übermensch kein Verwerfen des Menschen ist, sondern seine Erfüllung, kein Verwerfen des Mentals, sondern seine Einreihung zwischen zahlreichen anderen bekannten oder unbekannten Instrumenten, die der Mensch einsetzen muß, bis auf den Tag, an dem er in den Besitz der unmittelbaren Kraft der Wahrheit gelangt.

Dieses Verständnis des Großen Ziels – oder sagen wir besser des nächsten Ziels, denn die Entwicklung ist unendlich – ist einer der Schlüssel der kollektiven Verwirklichung. Es genügt ein kleiner Sprung im menschlichen Bewußtsein, ein kaum vernehmbarer Ruf nach Luft, ein winziges Gebet, eines Tages, einfach so, ohne Grund, damit die neue Möglichkeit herbeieilt und unsere gesamte Art zu sehen und zu handeln verändert: Sie erwartet keine großen Anstrengungen oder schwierigen Disziplinen, das haben wir gesagt, sie erwartet einen Augenblick der Hingabe, einen winzigen Schrei innen, eine kleine Flamme, die erwacht. Und haben die Menschen – einige Menschen – einmal von diesem Wein geschmeckt, werden sie nie wieder die alte Routine des Leidens aufnehmen können.

Welche Rolle haben also diejenigen, die zu verstehen und vielleicht zu erfahren beginnen? Wie ist ihre Arbeit in das unbewußte Yoga der Menschheit einzugliedern? Wie kann die Bewegung verallgemeinert und beschleunigt werden? Welche Art kollektiver Verwirklichung können sie in die Welt tragen als Beispiel für das, was kommen wird?

Die erste Welle dieses neuen Bewußtseins ist deutlich sichtbar, so chaotisch, wie man es sich nur vorstellen kann, sie bemächtigt sich der Menschen, ohne daß sie es verstehen, ihre Gezeiten sind überall zu beobachten: Die Menschen sind rastlos und abweichlerisch geworden. Sie begaben sich auf die Suche nach etwas, das sie nicht begriffen, das sie aber von innen drängte und trieb, sie machten sich auf den Weg nach Irgendwo, schlugen an alle Türen, die guten gleichwie die schlechten, stürmten Mauern und Windmühlen, oder sie ließen auf einen Schlag vom Lachen ergriffen Sack und Pack stehen und kehrten dem alten Establishment den Rükken. Es ist vollkommen normal, daß die erste Reaktion abweichend sei, verläßt sie doch, per Definition, den alten Kreislauf, wie die Primaten, die plötzlich die instinktive Weisheit ihrer Horde verließen. Jeder Übergang in einen höheren Gleichgewichtszustand bedeutet zuallererst einen Gleichgewichtsbruch und eine allgemeine Störung des alten Gleichgewichts. Diese Übermenschenlehrlinge, die einander nicht einmal kennen, sind deshalb wahrscheinlich unter den unorthodoxen Elementen der Gesellschaft anzutreffen, unter den sogenannten «Taugenichtsen», den Bastarden, den Widerspenstigen im allgemeinen Gefängnis, den Rebellen, die nicht wissen, wogegen sie sind, die nur wissen, daß sie nicht mehr wollen; es sind die neuen Kreuzritter ohne Kreuzzug, Partisanen ohne Partei, die «dagegen sind», so dagegen, daß sie das Wider sowenig wollen wie das Für, die das ganz Andere wollen, ohne Mehr oder Weniger, ohne Offensive oder Defensive, ohne Schwarz, Gut, Ja oder Nein, das vollkommen Andere und vollkommen außerhalb der Pirouetten und Rückläufe der Mechanik, die sie wieder in ihren Netzen der Negation zu fangen versucht, wie sie sie vorher in den Netzen der Affirmation gefangen hatte. Oder, am anderen Ende des Spektrums, sind die Übermenschenlehrlinge vielleicht unter jenen zu finden, die den langen Weg des Mentals durchlaufen haben, seine Labyrinthe, sein endloses Mahlen, seine Antworten, die nichts beantworten und nur weitere und immer weitere Fragen aufwerfen, seine Lösungen, die nichts lösen, und seine ganze quälende Runde – und dann seine plötzliche Nichtigkeit am Ende des Weges, nach Millionen Fragen und Millionen Triumphen, die alle scheitern, ein kleiner Schrei am Ende, der Schrei eines Menschen vor dem Nichts, der plötzlich wie ein entwaffnetes Kind dasteht, als wären all diese Tage und Jahre und Mühen nie gewesen, als wäre nichts geschehen, keine einzige wahre Sekunde in dreißig Jahren! Auch diese begeben sich dann auf den Weg. Auch dort besteht eine Lücke für das Mögliche.

Aber genau die Bedingungen für das Entwurzeln der alten Ordnung bergen über lange Zeit die Gefahr, die Suche nach der neuen Ordnung zu verfälschen. Zunächst existiert diese neue Ordnung nicht: Es gilt sie erst zu schaffen. Eine ganze Welt ist zu erfinden. Und der Sucher des Übermenschen – oder sagen wir einfacher, der Sucher nach «etwas Anderem» – muß sich über eines im klaren sein: Das Gesetz der Freiheit ist ein forderndes Gesetz, unendlich viel fordernder als all die Gesetze, die uns die Mechanik aufoktroyiert. Es heißt nicht, in irgend etwas hineinzuschlittern, sondern methodisch tausend kleine Hörigkeiten und Versklavungen zu entwurzeln, nicht alles aufzugeben, sondern im Gegenteil für alles Verantwortung zu übernehmen, denn wir wollen unter der Verantwortung von nichts und niemanden mehr stehen. Es bedeutet eine höchste Lehre der Verantwortlichkeit – diejenige, ganz und gar man selbst zu sein, was letztlich bedeutet, alles und alle zu sein. Es ist keine Flucht, sondern eine Eroberung; keine großen Ferien von der Mechanik, sondern ein großes Abenteuer im Unbekannten des Menschen. Und alles, was die höchste Freiheit hemmen könnte, auf gleich welchem Niveau und unter gleich welchem Anschein, muß so heftig bekämpft werden wie die Ordnungskräfte und Legislatoren der alten Welt. Wir verlassen nicht die Sklaverei der alten Ordnung, um der schlimmeren Sklaverei unseres Selbst zu verfallen – der Sklaverei der Drogen, der Sklaverei einer Partei, der Sklaverei dieser oder jener Religion, dieser oder jener Sekte, einer goldenen oder weißen Seifenblase; wir suchen diese einzige Freiheit, die darin besteht, allem gegenüber ein Lächeln zu bewahren und überall leicht zu sein, in der Blöße wie im Gepränge, in einer Zelle nicht anders als in Palästen, in der Leere gleichwie in der Fülle – und alles ist die Fülle, denn wir brennen mit der einen kleinen Flamme, die alles für immer besitzt.

Was werden sie tun, diese Wanderer zwischen den Welten, diese Nomaden einer neuen Heimat, die noch nicht existiert? Zuerst einmal werden sie sich vielleicht überhaupt nicht bewegen. Vielleicht werden sie verstanden haben, daß es gilt, die Veränderung innen zu bewirken, und daß, verändert sich innen nichts, über Jahrtausende und Jahrtausende niemals etwas außen verändert werden wird. Vielleicht bleiben sie genau dort, wo sie sind, in einer kleinen Straße, einem grauen Land, unter einer bescheidenen

Verkleidung, einer alten Routinetätigkeit, die aber keine Routine mehr sein wird, weil sie alles mit einem anderen Blick, auf andere Weise, in einer anderen Haltung tun – mit einem inneren Sinn, der alle Sinne verändert. Und beharren sie, werden sie feststellen, daß dieser alleinige kleine Tropfen wahren Lichtes, den sie in sich tragen, heimlich die Macht hat, alles um sie herum zu verändern. In ihrem unscheinbaren kleinen Kreis werden sie für die neue Welt gearbeitet und ein wenig mehr Wahrheit auf die Erde gebracht haben. Aber in Wahrheit ist kein Kreis klein, der dieses Zentrum besitzt, denn es ist das Zentrum von allem. Andererseits fühlen sie vielleicht eines Tages den Impuls, sich ihresgleichen der neuen Welt anzuschließen, mit ihnen ein lebendiges Zeugnis der Aspiration zu errichten, so wie andere Pyramiden oder Kathedralen bauten, warum nicht eine Stadt der neuen Welt? Und dort beginnt ein großes Vorhaben und eine große Gefahr.

Wir wurden in einem so hohen Maße mechanisiert, veräußerlicht, aus uns selbst herausprojiziert durch unsere Gewohnheit, uns auf die eine oder andere Mechanik zu verlassen, daß unser erster Reflex immer darin besteht, nach äußeren Mitteln zu suchen, das heißt nach Kunstgriffen, denn alle äußeren Mittel sind künstlich, also die alte Lüge. Wir werden deshalb versucht sein, die Idee, das Vorhaben durch die Medienwege zu verbreiten, die uns allen bekannt sind, kurz, die größtmögliche Zahl von Anhängern für die neue Hoffnung zu versammeln – die damit schnell zur neuen Religion wird. Hier ist es angebracht, Sri Aurobindo zu zitieren und allen unzweideutig und mit Nachdruck seine kategorische Erklärung zu vermitteln: «Ich halte nichts von Anzeigen, es sei denn für Bücher, und nichts von Propaganda, außer für Politik und pharmazeutische Präparate. Für ernsthafte Arbeit hingegen ist das Gift. Es bedeutet entweder Schaumschlägerei oder Stimmungsmache – und das eine wie das andere erschöpft die Sache, welche es auf seinem Wellenkamm trägt, und läßt sie leblos und zerbrochen als Strandgut am Ufer von Nirgendwo zurück – oder aber es bedeutet eine Bewegung. Eine Bewegung im Falle einer Arbeit wie der meinen bedeutet die Gründung einer Schule oder Sekte oder irgendeines anderen verdammten Unsinns. Es bedeutet, daß Hunderte oder Tausende von unnützen Leuten sich anschließen und die Arbeit korrumpieren oder sie auf eine pompöse

Farce reduzieren, aus der die Wahrheit, die begonnen hatte herabzukommen, sich in Geheimnis und Schweigen zurückzieht. Das ist den ‹Religionen› passiert, und es ist der Grund ihres Scheiterns.»[31] Gewiß sind alle Menschen, in der Tat die gesamte Erde, Teil der Übermenschheit, das Abc des neuen Bewußtseins aber, sein Schlüsselprinzip, ist die Vielfalt in der Einheit; und den Übermenschen im voraus auf einen vorgefertigten Rahmen, ein privilegiertes Ambiente, einen angeblich einzigartigen und stärker erleuchteten Ort als andere beschränken zu wollen, bedeutet, in die alte Farce zurückzufallen und einmal mehr das alte menschliche Ego aufzublasen. Man muß sich dem Gesetz der Harmonie anvertrauen, das auf tausenderlei Art unter tausenderlei Maskierung hervorgeht und letztlich die Myriaden Töne seines großen unteilbaren Flusses in einem grenzenlosen Raum vereinigt. Das Vorhaben wird überall zugleich geboren – es ist bereits geboren, stammelt hier und dort, schlägt noch unwissend gegen die Mauern –, und es wird erst dann nach und nach sein wahres Gesicht enthüllen, wenn die Menschen es nicht mehr in ein System, eine Logik oder einen Schrein einsperren können: wenn alles hier unten Schrein ist, in jedem Herzen und in jedem Land. Und die Menschen werden nicht einmal wissen, wie sie auf ein solches Wunder vorbereitet wurden.

Diejenigen die ein wenig wissen, die die große Woge der Wahrheit erahnen und wahrzunehmen beginnen, stolpern deshalb nicht in die Falle der «Rekrutierung von Übermenschen». Die Erde ist ungleich vorbereitet, die Menschen sind spirituell ungleich, trotz all unserer demokratischen Proteste – obwohl sie essentiell gleich sind und weit sind im großen Selbst, ein einziger Körper mit Millionen Gesichtern –, sie haben noch nicht alle die ihnen eigene Größe erreicht: Sie sind auf dem Weg, einige trödeln, während andere schneller voranzukommen scheinen, doch die Umwege der einen sind ebenfalls Teil der großen Geographie unseres unsichtbaren Reichs, die Verzögerung oder Bremswirkung, die sie auf unsere Bewegung auszuüben scheinen, ist Teil der Abrundung zur Vollkommenheit, die wir anstreben, und sie zwingen uns zu einer größeren Präzision der Wahrheit. Auch sie gelangen dorthin, auf ihrem eigenen Weg, und was liegt schlußendlich außerhalb des Weges, da alles der Weg ist? Diejenigen, die ein wenig wissen oder ahnen, wissen in erster Linie, weil sie es in ihrem eigenen Fleisch erfahren haben, daß Menschen durch Kunstgriffe niemals wirklich zueinandergebracht werden – und sollten sie auf ihren Kunstgriffen beharren, kollabiert letztlich alles und die «Versammlung» ist kurz, ebenso die schöne Schule, die nette Sekte, die kleine schillernde Seifenblase eines Moments der Begeisterung oder des Glaubens –, sie werden durch ein feineres und umsichtigeres Gesetz zusammengebracht, ein winziges inneres Leuchtfeuer, das flackert, zwinkert und sich selbst kaum kennt, jedoch die Zeiten und die Räume durchquert, hier und dort auf einen ähnlichen Strahl trifft, seine Zwillingsfrequenz, eine Lichtquelle der gleichen Intensität – und man schreitet weiter. Man geht, ohne zu wissen, nimmt diesen Zug, jenes Flugzeug, durchläuft dieses Land und jenes andere, glaubt dies oder jenes zu suchen, dieses Abenteuer, jene Exotik zu verfolgen, eine bestimmte Droge oder Philosophie – glaubt man. Man glaubt viele Dinge. Man meint, diese Macht oder jene Lösung ergattern, dieses Allheilmittel oder jene Revolution erobern, diesen Slogan oder jenen anderen skandieren zu müssen; man glaubt aufgebrochen zu sein wegen dieses Dursts oder jener Revolte, einer enttäuschten Liebe oder eines Bedürfnisses nach Tat, einer Hoffnung oder dieser alten unlösbaren Verstrickung in seinem Herzen. Schließlich aber ist es nichts von alldem! Eines Tages hält man inne, ohne zu wissen, warum, ohne dort hingewollt zu haben, ohne diesen Ort oder dieses Gesicht gesucht zu haben, diesen unbedeutenden Weiler unter den Sternen dieser oder jener Hemisphäre – und es ist da: Man ist angekommen. Man hat sein eigenes Tor geöffnet, sein gleiches Feuer gefunden, diesen immer gekannten Blick, und man befindet sich genau dort, wo es notwendig ist, in der Minute, in der es notwendig ist, um die Arbeit zu verrichten, die getan werden muß: Die Welt ist ein fabelhaftes Uhrwerk, wüßten wir nur das Geheimnis dieser kleinen Feuer, die in einem anderen Raum glühen, auf einem großen inneren Weltenmeer tanzen, über das unsere Nachen segeln, wie bewegt von einem unsichtbaren Leuchtfeuer.

* * *

Sie sind zehn oder zwanzig, vielleicht fünfzig, hier oder dort, auf diesem oder jenem Breitengrad, die sich danach sehnen, einen wahreren Winkel Erde zu bearbeiten, einen kleinen Winkel Mensch zu bearbeiten, um ein wahreres Wesen in sich zum Wachsen zu bringen, vielleicht zusammen ein Labor des Übermenschen zu schaffen, einen Grundstein der Stadt der Wahrheit auf der Erde zu legen. Sie sind unwissend, sie wissen nichts, außer daß sie nach etwas anderem dürsten und daß es ein Gesetz der Harmonie gibt, ein wunderbares «Etwas» der Zukunft, das sich zu verkörpern sucht. Und sie versuchen die Bedingungen dieser Verkörperung zu finden, sich der Herausforderung zu stellen, ihre Substanz diesem lebendigen Experiment hinzugeben. Sie wissen nichts, außer daß alles sich verändern muß: in den Herzen, in den Gesten, in der Materie und im Umgang mit der Materie. Sie versuchen nicht eine neue Zivilisation zu schaffen, sondern einen anderen Menschen, keine Super-Stadt unter den Millionen Bauwerken der Welt, sondern einen Horchposten für die Kräfte der Zukunft, ein höchstes *Yantra* der Wahrheit, eine Leitung, einen Kanal, um einen ersten Ton der Großen Harmonie, ein erstes greifbares Zeichen der neuen Welt zu erhaschen und in die Materie einzumeißeln. Sie posieren als Champions von nichts und niemandem, sie sind die Verfechter keiner Freiheit, die Aggressoren keines «-ismus»: Sie versuchen es einfach zusammen, sind die Champions ihres eigenen kleinen und reinen Tones, der anders ist als der aller Nachbarn und der doch der Ton der ganzen Welt ist. Sie sind nicht mehr einem Land, einer Familie, einer Religion oder einer Partei zugehörig: Sie haben die Partei ihrer selbst ergriffen, welche die Partei von niemand anderem ist und doch die Partei der Welt, denn das, was in einem Punkt wahr wird, wird für die ganze Welt wahr und verbindet die ganze Welt; sie gehören einer Familie an, die es noch zu erfinden gilt, einem Land, das noch nicht geboren ist. Sie versuchen nicht andere oder irgend jemanden zu verbessern, die Welt mit ihrer Wohltätigkeit zu überschütten, die Armen und Leprakranken zu pflegen: Sie versuchen in sich selbst die große Armut der Kleinlichkeit, den grauen Elf des innersten Elends zu heilen, in sich selbst ein einziges kleines Stückchen des Wahren zu erobern, einen winzigen Strahl der Harmonie, denn ist diese Krankheit in unserem eigenen Herzen oder in einigen Herzen geheilt, wird die Welt sich erleichtert finden, und durch unsere Klarheit wird das Gesetz der Wahrheit besser in die Materie eindringen und spontan ringsumher ausstrahlen. Welche Befreiung, welche Erleichterung kann jener der Welt bringen, der in seinem eigenen Herzen leidet? Sie arbeiten nicht für sich selbst, auch wenn sie das primäre Erfahrungsfeld darstellen, sondern arbeiten in reiner und einfacher Hingabe an dem, was sie noch nicht wahrhaft kennen, das aber am Rand der Welt braust wie die Morgenröte eines neuen Zeitalters. Sie sind die Goldschürfer eines neuen Zyklus. Sie haben sich mit Hab und Gut der Zukunft hingegeben, wie man sich ohne einen Blick zurück ins Feuer wirft. Sie sind die Diener des Unendlichen im Endlichen, der Totalität im Kleinsten, der Ewigkeit in jedem Augenblick. Sie schaffen ihren Himmel bei jedem Schritt und entreißen die neue Welt aus der Banalität des Tages. Sie fürchten keine Fehlschläge, denn sie haben ihre Fehlschläge mit dem Erfolg des Gefängnisses hinter sich gelassen – sie leben in der einzigen Unfehlbarkeit eines kleinen wahren Tons.

Jedoch gilt es für die Erbauer der neuen Welt, sich sehr vorzusehen, kein neues Gefängnis zu bauen, und sei es ein ideales und erleuchtetes. Tatsächlich werden sie sehr schnell begreifen, daß diese Stadt der Wahrheit nicht sein wird und nicht sein kann, solange sie nicht in sich selbst vollkommen in Wahrheit stehen, und daß diese Welt, die zu erbauen ist, zuallererst und vor allem das Feld ihrer eigenen Transformation ausmacht. Die Wahrheit kann man nicht täuschen. Man kann die Menschen täuschen, Reden halten und Prinzipienerklärungen abgeben, die Wahrheit aber lacht darüber: Sie ertappt dich auf «frischer» Tat und wirft dir deine Täuschung bei jedem Schritt wieder ins Gesicht. Sie ist ein unerbittliches Leuchtfeuer, auch wenn sie unsichtbar ist. Und sie ertappt dich schlicht und einfach in allen Ecken und Ausflüchten, und da sie eine Wahrheit der Materie ist, zerstört sie deine Pläne, hindert deine Geste, stellt dich plötzlich vor einen Mangel an Material, einen Mangel an Arbeitern, Mangel an Geld, provoziert eine Revolte, treibt die Menschen gegeneinander, sät Unmöglichkeit und Chaos – so lange, bis der Sucher plötzlich versteht, daß er einen falschen Weg eingeschlagen hatte, daß er das alte Lügengebäude mit neuen Bausteinen errichtete, seinen kleinen Egoismus veräußerlichte, seinen kleine Ehrgeiz, sein kleines Ideal, seine dürftigen

Ideen vom Wahren und Guten. Dann öffnet er die Augen, öffnet die Hände, bezieht sich wieder auf das große Gesetz, läßt den Rhythmus fließen und macht sich hell, klar, transparent, geschmeidig für die Wahrheit, das Etwas, das sein will – für alles und jeden, solange es nur *das* ist, die genaue Geste, der richtige Gedanke, die wahre Arbeit, die reine Wahrheit, die sich so ausdrückt, wie sie will, wann sie will, auf die Weise, in der sie möchte. Eine Sekunde lang gibt er sich hin. Eine Sekunde lang ruft er diese neue Welt – so neu, daß er nichts von ihr versteht, ihr aber dienen will, sie inkarnieren, sie in dieser rebellischen Erde zum Wachsen bringen will, und welchen Unterschied macht es, was er darüber denkt, fühlt oder für richtig erachtet! Aber daß es echt sei, das einzig Gewollte und Unvermeidliche. Und in einer Sekunde kehrt sich alles zum Licht. Alles wird augenblicklich möglich: Das Material trifft ein, die Arbeiter, das Geld; die Mauer stürzt zusammen, und das kleine egoistische Gebäude, das er aufzubauen im Begriff stand, verwandelt sich in eine dynamische Möglichkeit, die er nicht einmal erahnt hatte. Hundertmal, tausendmal macht er die Erfahrung, auf allen Ebenen, persönlich, kollektiv, bei der Reparatur des Schlafzimmerfensters oder in den Millionen, die als «wahrer Segen» plötzlich wie vom Himmel fallen, um ein olympisches Stadion zu bauen. Niemals gibt es «materielle Probleme», es gibt einzig und allein innere Probleme. Und besteht keine Wahrheit darin, verrotten selbst die Millionen an Ort und Stelle. Das ist eine fabelhafte Erfahrung in jeder Minute, ein Prüfstein der Wahrheit, und noch wunderbarer, ein Prüfstein der Macht der Wahrheit. Er lernt Schritt für Schritt die Effektivität der Wahrheit kennen, die höchste Effektivität einer kleinen klaren Sekunde – er betritt eine Welt kleiner kontinuierlicher Wunder. Er lernt, auf die Wahrheit zu vertrauen, als führten alle «Schicksals»-Schläge, alle Fehler, Querelen, alles Durcheinander ihn wissend, geduldig, jedoch unerbittlich dazu, die richtige Haltung einzunehmen, den wahren Hebel zu entdecken, den wahren Blick, den Schrei der Wahrheit, der die Mauern umstürzt und alle Möglichkeiten im unmöglichen Chaos zum Ausbruch kommen läßt. Eine beschleunigte Transmutation findet statt, die sich durch die Widerstände gleichwie den guten Willen eines jeden potenziert – als müßten in Wahrheit sowohl Widerstände als auch Wohlwollen, das Gute sowie das Übel sich in etwas anderes verwandeln, einen anderen Willen, eine Willens-Vision der Wahrheit, die in jedem Augenblick Geste und Tat entscheidet. Dies ist das einzige Gesetz der Zukunftsstadt, seine einzige Regierung: eine klare Vision, die sich mit der totalen Harmonie in Einklang bringt und die wahrgenommene Wahrheit spontan in die Tat umsetzt. Die Fälscher werden automatisch eliminiert, eben durch den Druck der Kraft der Wahrheit, verdrängt wie die Fische durch einen Überschuß an Sauerstoff. Und können die Zehn oder Fünfzig oder Hundert eines Tages eine einzige kleine Pyramide der Wahrheit erbauen, in der jeder Stein mit dem richtigen Ton, der richtigen Schwingung, der einfachen Liebe, dem klaren Blick und dem Ruf der Zukunft gesetzt wurde, wäre damit in Wahrheit die ganze Stadt gebaut, denn sie hätten in sich selbst das Wesen der Zukunft erbaut. Und vielleicht wäre die ganze Erde dadurch transformiert, denn es gibt nur einen Körper; denn die Schwierigkeit des einen ist die Schwierigkeit der Welt, dieser Widerstand, die obskure Haltung des anderen ist der Widerstand und die Obskurität der ganzen Welt, und dieses winzige Vorhaben einer kleinen Stadt unter den Sternen ist vielleicht das eigentliche Vorhaben der Welt, das Symbol ihrer Transmutation, die Alchemie ihres Schmerzes, die Möglichkeit einer neuen Erde durch die alleinige Transfiguration eines Winkels der Erde und eines Winkels des Menschen.

Insofern ist es wahrscheinlich, daß diese Stadt im Bau über einen längeren Zeitraum ein Ort sein wird, an dem der unerbittliche Druck des Leuchtfeuers der Wahrheit die negativen Möglichkeiten ebenso verschärft wie die positiven. Und die Lüge versteht die Kunst, sich an unerhebliche Einzelheiten zu hängen, der Widerstand, sich an unbedeutende Banalitäten zu heften, die zum eigentlichen Anzeichen der Weigerung werden – die Lüge versteht sich darauf, große Opfer zu bringen, sie weiß sich zu zügeln, zu idealisieren, Meriten und Bonusse einzuheimsen, sie verrät sich aber im kleinen, das ist ihre letzte Zuflucht. Die Partie wird wahrhaftig in der Materie ausgespielt. Diese Zukunftsstadt ist wahrlich ein Schlachtfeld, ein schwieriges Abenteuer. Das was drüben mit Maschinengewehren, Guerillas oder glorreichen Taten entschieden wird, entscheidet sich hier in schmutzigen Details und einer unsichtbaren Guerilla der Lüge. Doch ein einziger Sieg über den kleinlichen menschlichen Egoismus zieht schwerwiegendere Konsequenzen für die Erde nach sich als eine Neuordnung aller Grenzen Asiens, denn diese Grenze und dieser Egoismus sind die ursprünglichen Stacheldrähte, die die Welt teilen.

* * *

Eigentlich könnte der Übermenschenlehrling seine Schlacht sehr bald beginnen, nicht nur in sich selbst, sondern auch in seinen Kindern, und nicht erst bei der Geburt des Kindes, sondern bereits von seiner Empfängnis an.

Wir werden unter einer bleiernen Glocke geboren. Sie umschließt uns fest, ist hermetisch und unsichtbar, und nichtsdestoweniger gegenwärtig, sie bestimmt unsere geringsten Gesten, unsere kleinsten Reaktionen. Wir werden sozusagen «fix und fertig» geboren, doch diese Beschaffenheit sind nicht wir, weder im Besseren noch im Schlechteren. Sie besteht aus Millionen von Sinneswahrnehmungen, die noch keine Gedanken sind, sondern wie Keime der Begierden oder des Widerwillens, Gerüche der Furcht, Gerüche der Qual, subtilem Salpeter gleich, der unsere Höhlenwände bedeckt: Schichten um Schichten der Abwehr und der Verbote und einiger seltener Erlaubnisse, gleich einer Ausflucht vor demselben dunklen Ansturm in unseren Gängen, und schließlich tief innen ein kleiner erstaunter Blick, der nichts davon versteht, dem man aber schnell das «Leben» beigebracht hat: Gut und Böse, Geometrie und die Gesetzestafeln – ein kleiner Blick , der sich verschleiert, mehr und mehr verschleiert, und der schließlich überhaupt nichts mehr versteht, wenn man ihm alles beigebracht hat. Denn das evidente, natürliche Prinzip besagt, daß ein Kind nichts versteht und daß ihm beigebracht werden muß, wie man leben soll. Es mag jedoch durchaus sein, daß das Kind sehr wohl versteht, wenn auch nicht gemäß unseren Vorstellungen, und daß wir ihm nichts weiter beibringen, als sein Wissen zu vergraben und durch eine künstliche Wissenschaft zu ersetzen, die ihn schließlich endgültig unter sich begräbt. Und wir verbringen dreißig Jahre unseres Lebens damit, das abzubauen, was uns anerzogen wurde, es sei denn, wir sind ein besonders arriviertes Exemplar der menschlichen Spezies, das heißt ein definitiv Eingemauerter, selbstzufrieden, zuvorkommend und diplomiert. Ein guter Teil der Arbeit besteht also nicht im Aufstellen, sondern im Abstellen dieses Bannes. Man wird uns sagen, dieser Kampf sei fruchtbar, er bereichere uns, bilde Muskeln und Persönlichkeit aus – das aber ist falsch. Er verhärtet uns, gibt uns militante Muskeln und riskiert, uns in ein «Kontra» zu treiben, das so schädlich ist wie das «Pro», das es bekämpft. Darüber hinaus gibt er uns keine Persöhnlichkeit, sondern eine Maske, denn die wahre Person ist gegenwärtig, voll und ganz gegenwärtig, arglos und weit offen in dem Blick eines Kindes, das gerade geboren wird – im Kampf fügt man allein das Elend hinzu. Wir glauben ungeheuerlich intensiv und blind an die Macht des Leidens: Es ist das unterbewußte Kennzeichen unserer gesamten westlichen Zivilisation seit zweitausend Jahren. Und vielleicht war es angesichts der Dickfelligkeit unserer Substanz notwendig. Das Gesetz des Leidens aber ist ein Gesetz der Lüge – was wahr ist, lächelt, das ist alles. Leiden ist das Zeichen der Falschheit, geht mit ihr einher, ist das Produkt der Falschheit. Und zu glauben, daß dieses Leiden uns bereichert, hieße zu glauben, daß Krebs ein göttlicher Segen ist, wobei er uns durchaus helfen mag, den Panzer der Lüge zu zerbrechen. Diese negative Tugend hinterläßt, wie alle Tugenden, einen permanenten Schatten in uns, und selbst die makellos enthüllte Sonne wird davon befleckt. Diese Schläge verursachen wirklich und mit physischer Notwendigkeit ihre Gegenschläge und ergeben befreite Wesen mit versengten Herzen, die sich ihres Leidens erinnern. Und diese Erinnerung ist noch ein weiterer Schleier vor dem arglosen Blick. Das Gesetz der Götter ist ein Sonnengesetz. Und vielleicht besteht das gesamte Werk von Sri Aurobindo und der Mutter darin, der Welt die Möglichkeit eines Sonnenwegs gebracht zu haben, auf dem kein Leiden, kein Schmerz und keine Katastrophe mehr notwendig sind, um sich weiterzuentwickeln.

Der Übermenschenlehrling glaubt nicht an das Leiden, er glaubt an Bereicherung durch Freude, an die Harmonie; er glaubt nicht an Erziehung, er glaubt an die Macht-der-Wahrheit im Herzen aller Dinge und aller Wesen – er verhilft dieser Wahrheit lediglich mit sowenig Hindernissen als möglich zu wachsen. Er vertraut der Macht dieser Wahrheit. Er weiß, daß der Mensch jederzeit unaufhaltsam seinem Ziel entgegengeht, trotz allem, was man ihm sagt oder beibringt – er sucht allein dieses «trotz allem» zu beheben. Er bewässert einzig diesen kleinen Sproß der Wahrheit; und auch das tut er mit Umsicht, denn es gibt Sprößlinge, die sandigen oder felsigen Boden bevorzugen. In dieser Stadt – oder sagen wir besser in diesem Zukunftslabor – wird das Kind aber bereits unter wenigen erstickenden Bedingungen geboren; es wird keiner Gehirnwäsche unterzogen, nicht an jeder Straßenecke von schreienden Plakaten beleidigt, durch Fernsehen verfälscht, durch vulgäre Kinostreifen vergiftet, mit all den Schwingungen von Beklemmung, Angst oder Begierde belastet, die seine Mutter durch «ablenkende» Lektüre, debile Filme oder ein zerrissenes Zuhause in ihrem Bauch ansammelt – denn alles gräbt sich seismographisch ein: die kleinste Schwingung, der geringste Stoß, alles richtet sich im Embryo häuslich ein und sammelt sich an. Die alten Griechen wußten das sehr wohl, wie die Ägypter, die Inder, sie umgaben die Mutter mit einer Atmosphäre außerordentlicher Harmonie und Schönheit, auf daß der Atem der Götter jeden Tag und jeden Atemzug des Kindes durchziehe und alles eine Inspiration der Wahrheit sei. Und wenn die Mutter und der Vater entschieden, ein Kind zu haben, so taten sie das gleich einem Gebet, als ein Opfer, um die Götter der Zukunft zu inkarnieren. Ein Funke der Aspiration, eine Flamme des Rufens, ein leuchtender Atem im Herzen der Mutter genügt, damit das gleiche Licht, die identische Flamme, die entsprechende Intensität des Lebens antwortet und herbeieilt – und sind wir grau und nichtssagend, so rufen wir lediglich eben dieses Grau-in-Grau und die Nichtigkeit von Millionen verloschener Menschen.

Das Kind dieser Stadt wird mit einer Flamme geboren, es wird bewußt geboren, willentlich, ohne Jahrtausende von animalischen Ablagerungen oder Abgründe von Vorurteilen auflösen zu müssen; man sagt ihm nicht jeden Augenblick, daß es seinen Lebensunterhalt verdienen muß, denn niemand verdient seinen Lebensunterhalt in der Stadt der Zukunft, niemand hat Geld: Das Leben ist dem Dienst der Wahrheit gewidmet, jeder entsprechend seiner Fähigkeit und Begabung, und der einzige Verdienst ist die Freude; es wird nicht auf Schritt und Tritt mit Geboten und Verboten belästigt: Ihm wird einzig die augenblickliche Traurigkeit demonstriert, nicht auf den kleinen wahren Ton zu hören. Es wird nicht mit der Vorstellung gequält, einen Beruf finden zu müssen, Erfolg zu haben, besser als andere zu sein, Klassenprimus statt Klassenletzter zu sein, denn niemand hat Erfolg oder Mißerfolg in der Zukunftsstadt, niemand hat einen «Beruf», triumphiert über andere: Man folgt dem einzigen Beruf eines kleinen klaren Tons, der alles klärt, alles für uns tut, alles lenkt, alles in seiner ruhigen Harmonie eint, und der einzige Erfolg besteht darin, im Einklang mit sich selbst und mit allem zu sein; man bringt ihm nicht bei, sich auf einen Meister zu verlassen, sich auf ein Buch zu verlassen, sich auf eine Maschine zu verlassen, sondern sich allein der kleinen Flamme innen anzuvertrauen, diesem kleinen freudigen Fluß, der die Schritte leitet, die Entdeckung herbeiführt, es per Zufall auf die Erfahrung stolpern läßt und das Wissen wie spielerisch an den Tag bringt. Und es lernt die verborgenen Mächte seines Körpers so zu kultivieren, wie andere dies heute auf Knopfdruck mit den maschinellen Mächten tun; seine Fähigkeiten werden nicht in vorgefertigten Gußformen des Sehens und Verstehens verschlossen, man wird in ihm eine Vision fördern, die nicht den Augen entspringt, ein Verstehen, das nicht aus Büchern kommt, seine Träume anderer Welten, welche die Welt von morgen vorbereiten, seine direkten Kommunikationen und augenblicklichen Intuitionen, seine subtilen Sinne; und sofern in der Zukunftsstadt noch Maschinen benutzt werden, wird man ihm erklären, daß es sich hierbei um provisorische Krücken handelt, bis wir in unserem eigenen Herzen die Quelle der reinen Macht finden, welche eines Tages die Materie so transformieren wird, wie wir jetzt mit einem Strich des Zeichenstiftes ein weißes Blatt Papier in eine saftiggrüne Prärie verwandeln. Ihm wird der Blick gelehrt werden, der wahre Blick, der wirklich vermag, der Blick, der schöpft, der alles verändert – ihm wird gelehrt werden, seine eigenen Mächte zu verwenden und an seine eigene Macht der Wahrheit zu glauben, und je reiner und klarer man ist, je mehr in Harmonie mit dem großen Gesetz, desto mehr gehorcht die Materie der Wahrheit. Und anstatt in ein Gefängnis zu fallen, wird das Kind eine offene Welt betreten, in der alles möglich ist – und in der alles effektiv möglich ist, denn es gibt keine Unmöglichkeit außer der, an die wir glauben. Und schlußendlich wird das Kind in einer Atmosphäre natürlicher Einheit aufwachsen, in der es kein

«Du», «Ich», «Dir», «Mein» mehr gibt, in der man ihm nicht mehr beigebracht hat, jeden Augenblick mentale Trennwände und Barrieren zu errichten, sondern bewußt das zu sein, was man unbewußt seit jeher war: sich in alles zu erstrecken, was ist und lebt, in allem wahrzunehmen, was wahrnimmt, in einem selben tiefen Atem zu verstehen, durch ein Schweigen, das alles trägt, überall die gleiche Flamme wiederzuerkennen, überall den gleichen klaren kleinen Fluß zu lieben und überall das Selbst zu sein unter den Tausenden von Gesichtern und den Tausenden von Melodien, die eine einzige Melodie sind.

So wird es keine inneren Grenzen mehr geben und keine äußeren, kein «ich will», «ich nehme», keinen Mangel, keine Abwesenheit, kein Ich, ganz allein und eingeschlossen, kein Kontra, kein Pro, weder Böse noch Gut: Es wird eine einzige höchste Harmonie in Tausenden von Körpern geben, die ihren Ton in diesem oder jenem berührt, in diesem Umstand oder jenem Zufall, dieser Geste hier, jener Geste dort, und die alles in einer einzigen Bewegung eint, in der jede Minute vollkommen und jede Tat wahrhaftig, jedes Wort genau, jeder Gedanke richtig, jede Zeile rhythmisch, jedes Herz im Einklang ist – und die Wahrheit wird die Materie gemäß ihrer genauen Vision gestalten. Und diese kleine Stadt ohne Grenzen wird kraft ihrer einfachen Macht der Wahrheit leuchten, diejenigen anziehen, welche angezogen werden müssen, diejenigen zurückweisen, welche zurückgewiesen werden müssen, einfach durch ihre eigene Kraft der Konzentration, diesen oder jenen anderen Punkt im Universum berühren, diese oder jene Seele, auf die tausend unsichtbaren Rufe antworten, unaufhörlich ihren hohen klaren Ton ausstrahlen, der die Welt erhellt und die Herzen erleichtert, ohne daß sie es wissen.

Denn derart ist die Wahrheit, so einfach, daß niemand sie sieht, so leicht, daß sie die Welt in einem Augenblick durchläuft, die Knoten entwirrt, die Grenzen überschreitet und auf den leisesten Ruf ihre herrliche Möglichkeit inmitten all der Unmöglichkeiten ausschüttet.

XIII

Und danach?

Wir haben keine Macht, weil wir keine umfassende Vision haben. Und damit steht es sehr einfach: Wäre uns durch ein Wunder die Macht gegeben, gleich welche Macht, auf gleich welcher Ebene, würden wir daraus augenblicklich ein hübsches Gefängnis machen, entsprechend unseren kleinen Ideen und kleinen Vorstellungen des Guten, und unsere gesamte Familie, wenn möglich die Welt, darin einschließen. Und was wissen wir schon vom Wohl der Welt? Was wissen wir selbst von unserem eigenen Wohl? Heute schreien wir gegen ein Elend an, um morgen festzustellen, daß es an das Tor eines höheren Wohls pochte. Seit zweitausend und mehr Jahren entwerfen wir Systeme des Gemeinwohls, von denen eins nach dem anderen zusammenbricht – glücklicherweise. Selbst der weise Platon verbannte die Dichter aus seinem *Staat*, so wie wir vielleicht heute die nichtstaugenden Exzentriker verbannen, die über den Globus wandern und blindlings an die Pforten der Zukunft schlagen. Wir beklagen uns über unsere Unfähigkeit (zu pflegen, zu helfen, zu heilen, zu retten), doch diese besteht minutiös exakt im Maße unserer Fähigkeit der Vision – und die öffentlichen Wohltäter sind keineswegs die Begabtesten. Wir stolpern immer wieder über denselben Fehler: Wir wollen die Welt verändern, ohne uns selbst verändert zu haben.

Der Übermensch hat sein kleines Ich verloren, ebenso seine kleinen Ideen von Familie und Ursprungsland, von Gut und Böse – er hat in der Tat keine Ideen mehr, oder er hat sie alle in der Minute, wo es notwendig ist. Und wenn eine Idee kommt, wird sie ganz einfach ausgeführt, weil ihre Zeit und ihr Augenblick gekommen sind. Ideen oder Gefühle sind für ihn einfach die zwingende Übersetzung einer Bewegung von Kraft – ein Idee-Wille –, die sich hier durch eine Geste, dort durch eine Handlung oder einen Plan, ein Gedicht, eine Architektur oder eine Kantate ausdrückt, aber es ist eine einzige und gleiche Kraft in unterschiedlichen Sprachen, bildlich, musikalisch, materiell oder ökonomisch. Er empfängt den Rhythmus und übersetzt ihn gemäß seiner besonderen Begabung und seinem Platz innerhalb des Ganzen.

> Dort ist jeder Gedanke und jedes Gefühl eine Tat,
> Und jede Tat ein Symbol und ein Zeichen
> Und jedes Symbol birgt eine lebendige Kraft.[32]

Und wenn ihn nichts drängt, so ist er vollkommen ruhig und unbewegt wie der Lotos auf dem See, der sich der Sonne öffnet, ohne eine Regung oder Turbulenz, ohne einen Hauch von «ich will» irgendwo – er möchte nichts als das, was *es* will. Und was den Rest angeht, strahlt er in der Sonne und überläßt es anderen, die das wollen (oder nicht wollen, denn er strahlt für jeden), den Honig zu sammeln. Dies ist der einfachste Zustand überhaupt, die Einfachheit der Wahrheit. Und die augenblickliche Wirksamkeit der Wahrheit ohne Schleier.

Sein ruhiges Schweigen ist jedoch keine Untätigkeit – nichts auf der Welt ist untätig, «auch nicht die Trägheit des Erdhügels, auch nicht das Schweigen des reglosen Buddhas am Rande des Nirwanas.»[33] Er unterscheidet sich von anderen nicht durch ekstatische Meditationen auf einem blumengeschmückten *gaddi**, nicht durch einen weißen Bart und makellose Kleidung: Er geht den tausend Nichtigkeiten des Lebens nach, und niemand weiß, wer er ist, es kümmert ihn nicht, erkannt zu werden, er, der alles erkennt. Und diese Nichtigkeiten sind genau der winzige Hebel, durch welchen er auf alle ähnlichen Substanzen in der Welt einwirkt, denn nichts hört irgendwo jäh auf außer in unseren Köpfen und in unseren kleinen gefangenen Körpern – das Leben erstreckt sich unendlich weit, und der Schrei des Vogels hier antwortet auf den Schrei des Vogels dort, dieser Schmerz antwortet auf eintausend Schmerzen. Sein ganzes Leben ist eine Meditation.

* Thron (im besonderen für spirituelle Meister).

Sein Schweigen birgt die Stimmen der Welt.[34]

Seine Gesten sind das Symbol eines großen Ritus, der die Sterne und die Bewegung der Massen umfaßt, zusammen mit diesem kleinen Akazien-Trieb und einer Begegnung am Wegesrand.

Er mag eine Revolution anführen oder eine achtunggebietende Tat, welche die Vorstellungskraft der Völker inspiriert, wenn der Fluß der Wahrheit in ihm derart beschaffen ist. Er ist unvorhersehbar und ungreifbar wie die Wahrheit selbst, spottet mit todernster Miene und lächelt, während er über dem Elend der Welt brütet, denn er lauscht auf unsichtbare Rufe und arbeitet unermüdlich, um den großen Rhythmus über die Wunden der Welt fließen zu lassen. Er vollbringt keine Wunder, die einen Augenblick wie Strohfeuer aufleuchten und alsdann die Erde in ihrer verstockten Finsternis belassen, er spielt nicht mit den okkulten Siddhis*, welche einen Moment die Naturgesetze umstürzen, um sie gleich darauf in ihre alten schmerzhaften Routine-Abläufe zurückfallen zu lassen; er verspürt keinen Drang, die Menschen zu bekehren oder den Nationen zu predigen, denn er weiß nur zu gut, daß man die Menschen nicht mit Ideen oder Parolen bekehrt noch mit sensationellen Vorführungen, sondern durch eine Veränderung der inneren Dichte, die plötzlich einen kleinen Hauch Freude und Sonne in das Schwarz bringt – er sät ein anderes Gesetz in der Welt, er öffnet das Fenster einer anderen Sonne, verändert die Dichte der Herzen durch das sanfte Strömen seines Strahls. Er schlägt nicht, bricht nicht, noch verdammt oder urteilt er: Er versucht die gleiche Parzelle der Wahrheit, die in jedem Wesen, in jedem Ding, jedem Ereignis enthalten ist, freizusetzen und jeden durch seine *eigene* Sonne zu konvertieren. Seine Macht ist eine Macht von Wahrheit zu Wahrheit, von Materie zu Materie, und seine Vision umfaßt alles, denn er hat jenen inneren Punkt gefunden, der alle Punkte, alle Wesen und alle Orte enthält, und im wandernden Bettler, in der rosig getönten Wolke, im Zufall des Augenblicks, dem kleinen Nichts, das sein Haus in Aufruhr versetzt, oder in der wachsenden Knospe sieht er die gesamte Erde und ihre Millionen Knospen ihrer gleichen Wahrheit entgegenwachsen, und in einem

* Kräften.

Stolpern des Zufalls oder der Bemerkung eines Passanten erkennt er die genaue Position der Welt. Alles ist das Feld seiner Betätigung: Durch das Mikroskopische wirkt er auf das Ganze; im Mikroskopischen entziffert er das Ganze. Von einem Ende der Welt zum anderen berührt er seinen eigenen Körper.

Doch die Arbeit ist nicht beendet. Die Evolution hat noch nicht ihren Gipfel erreicht, ist noch nicht einmal in ihre solare Wahrheit eingetreten. Endete die Arbeit hier, hätten wir den Gipfel des Menschlichen erreicht, einen Supermenschen erzeugt, nicht aber das Wesen der kommenden Epoche; unser erweitertes Bewußtsein, unsere unmittelbare Wahrnehmung, unsere verfeinerten Sinne, unsere präzisen Gesten und Bewegungen, unsere vollkommenen Handlungen, unsere richtigen Gedanken, unsere richtigen Willensakte, unsere unveräußerliche Freude, all das würde noch auf einem tierischen Körper beruhen – einem alternden, prekären, schließlich verfallenden Körper, der jederzeit unser luminöses Gleichgewicht mit dem jähen Zusammenbruch bedrohen und das Wirken unseres Wahrheitsbewußtseins mit einem kleinen Körnchen Sand unterbrechen könnte – und was ist das für eine Wahrheit, wenn sie so gebrechlich ist? Die Wahrheit ist oder sie ist nicht, und sie ist unsterblich, unendlich, unverletzlich. Sie ist leicht und licht, unbestechlich, und sie kann nicht anders, als alles zu sein, was sie ist, sowenig der Mangobaum nichts anderes als eben der ganze Baum sein kann, mit allen Blüten und jeder seiner goldenen Früchte. Sie verweilt nicht bei dieser begrenzten Verwirklichung und wird nicht innehalten, bis die ganze Erde und alle Wesen zu ihrem Bildnis werden, sind doch in Wahrheit die ganze Erde und alle Wesen ihr Saatgut. Auch der Übermensch ist ein «Übergangswesen», er ist der Vorbote eines anderen Wesens auf der Erde, das sich vom Menschen so sehr unterscheidet wie wir vom Affen, und vielleicht noch mehr, denn der Mensch besteht noch aus der Substanz des Affen, während das neue Wesen von einer anderen Substanz sein wird, unsterblich, licht und leicht wie die Wahrheit selbst. Er ist der Ausarbeiter des «supramentalen Wesens», das Sri Aurobindo verkündet hat, und seine Substanz ist das unscheinbare Labor eines gefährlichen Abenteuers.

Unsere Körperzellen müssen des Unsterblichen Flamme
enthalten.
Soll der Geist nicht allein seine Quelle erreichen,
Eine halberlöste Welt ihrem zweifelhaften Schicksal
überlassen.[35]

Denn es geht nicht darum, einen mit wunderbaren und luminösen Kräften begabten Geist hervorzubringen, diesem Körper ein höheres Gesetz als das seinige aufzuoktroyieren, nicht einmal die Physis bis an den äußersten Grad ihrer Verfeinerung zu treiben, sondern eine «neue physische Natur zu schaffen»[36], aber dennoch ausgehend von unserem Körper, diesem armen hinfälligen animalischen Körper, denn er ist unsere Basis, unser Instrument der Evolution. Das neue Wesen wird nicht vorgefertigt vom Himmel fallen: Wir müssen es bauen! Wir müssen in unserer Substanz den Schlüssel für die eigene Transmutation finden, das Geheimnis aller Geheimnisse, im Infinitesimalen, in der kleinsten Zelle. Wir müssen den Übergang, die schwierige Passage in unserem Körper bewerkstelligen. Berühren wir dieses Geheimnis, erlangen wir vielleicht den göttlichen Schlüssel der Materie, den Schlüssel der langen terrestrischen Pilgerfahrt und den mächtigen strahlenden Blick, der uns eines Tages auf den Weg schickte. Wir müssen an das Tor des Todes schlagen und sein mächtiges Geheimnis befreien – denn auch dort verbirgt sich die Wahrheit, ist doch alles, was ist, die Wahrheit. Wir müssen den Felsen der Unbewußtheit entsiegeln und die ursprüngliche Basis, das solare Fundament finden, auf dem alles ruht, was ist. Wir müssen bis auf den Grund dringen, um die höchste Sonne zu berühren. In einer Zelle unseres Körpers ruht das gleiche Mysterium wie in allen Galaxien und allen Erdkörpern. In einem Punkt, einem winzigen Punkt ist alles enthalten, die höchste Macht und die ewigstrahlende Wahrheit, die höchste Finsternis und der (scheinbar) ewige Tod, verknotet in einer gefährlichen Umklammerung, schwanger mit einer unvorstellbaren Möglichkeit. Es ruft uns ein anderes Mysterium.

Eine Stimme hob an, die war süß und schrecklich,
Sie ergriff die Herzen mit Liebe und Schmerz, als sei die
ganze Hölle
Mit allen Himmeln in einem unentwirrbaren Ton vermählt.
Geboren aus abgründigen Tiefen in höchste Höhen zu schweben,

Trug sie alle Schwermut, die die Seelen der Geschöpfe teilen,
Und zeigte doch auf jede Ekstase, die Göttern nur erträglich ist.[37]

Uns obliegt es, diesen Knoten, diese tödliche Mischung zu entwirren, uns obliegt es, den Schlüssel zu finden und das höchste Abenteuer zu versuchen.

Der Weg des Herabstiegs ist noch nicht beendet.

XIV

Der Sieg über den Tod

Der Sucher hat Schritt für Schritt den Prozeß der Entmechanisierung verfolgt, Stufe für Stufe die verschiedenen Ebenen der Wirrnis, die den Fluß der Harmonie stören, entwirrt und aufgeklärt; er hat die mentale Mechanik und die vitale Mechanik verlassen; bis zu einem gewissen Grad hat er auch die unterbewußte Mechanik verlassen; der graue Elf ist noch vorhanden, aber wie ein Schatten auf einer Kinoleinwand, wie eine nachhallende Erinnerung an einen Schmerz, eine alte Wunde, die noch empfindlich ist: Er hat keinen wirklichen Zugriff mehr, außer eben durch diesen Schatten, der auf die Freude fällt und ein dumpfes Gefühl von Unwohlsein auf dem Seinsgrund hinterläßt, etwas unauslotbar Ungeheiltes, eine lauernde Bedrohung ohne Gesicht und ohne Namen – etwas bleibt noch, wie die Erinnerung an eine Katastrophe, die jeden Augenblick die Katastrophe selbst wieder herbeiführen kann, als sei in Wahrheit alles unendlich prekär, und eine Sekunde der Vergessenheit könnte alles wieder in die alte tödliche Routine zurückkippen lassen. Ein Punkt bleibt, ein furchtbarer Punkt, und solange dieser Punkt nicht besiegt wird, ist nichts gewonnen, nichts endgültig sicher. Dieser Moment des Umkippens auf die andere Seite – die tödliche Seite, die schmerzliche Seite, die alte Seite der Beklemmung und Bedrohung (es ist wirklich eine Bedrohung, eine Bedrohung von allem, ein sofortiger Mantel aus Blei, dieselbe namenlose Sache, die dir den Hals zuschnürt, als brächen innerhalb einer Sekunde, einer kleinen Sekunde des Erstickens, Jahrtausende an Nacht und Schmerz und Scham offen auf die Bühne, und alles wirkt wie eine schlecht aufgesetzte blendende

Dekoration vor dieser finsteren, schwarzen, zusammenhängenden Dichte, die dich in ihren zermalmenden Schlund saugt) –, dieses düstere Umkippen, von dem man nicht so recht weiß, wodurch es ausgelöst wird, schlägt plötzlich grundlos zu, beraubt dich all deiner Sonne und stellt dich nackt wie zu Beginn der Zeiten, im Angesicht des alten Feindes, vielleicht des ersten Feindes des Menschen und des Lebens auf der Erde: ein unsägliches Mysterium, das dich in seine Umklammerung reißt, ein entsetzlicher vertikaler Fall, wie mit Liebe und einer großen Furcht gefärbt. Man weiß nicht, was ihn provoziert – anscheinend kein Fehler, kein Nachlassen der Spannung, keine falsche Bewegung im Bewußtsein, welche dieses vergessene Verlies wieder eröffnet hätte, dennoch steht es gähnend offen. Und tatsächlich hat man etwas vergessen, und solange dieses Vergessen nicht unvergessen wird, kann das große goldene Gedächtnis der Wahrheit nicht seine volle Sonnenkraft über unser ganzes Wesen ausstrahlen. Und dieser Widersacher, dieser Schatten ist vielleicht der verborgene Liebhaber, der uns auf seine äußerste Verfolgung, seine äußerste Entdeckung lockt. Wir werden jeden Schritt geleitet, eine unfehlbare Hand zeichnet ihre verschlungenen Pfade, um uns unmittelbar, über Tausende von Umwegen, zu ihrer glücklichen Totalität zu führen.

> Das eine unvermeidliche höchste Ergebnis,
> Das keiner nehmen noch Verdammnis ändern kann,
> Die Krone bewußter Unsterblichkeit,
> Die Gottheit, die unseren ringenden Seelen versprochen,
> Als das Herz des Menschen den Tod einst wagte und das
> Leben litt.[38]

Der düstere Abstieg des Suchers erwächst also keiner willkürlichen oder morbiden Entscheidung – vor langer Zeit hat er aufgehört zu wollen, seit langer Zeit gehorcht er dem kleinen Rhythmus, dem wachsenden Fluß, den er hierhin oder dorthin lenkt, entsprechend seinem Druck. Der Abstieg erfolgt allmählich und in Stufen, beinahe ohne sein Wissen, ist jedoch von bestimmten Phänomenen begleitet, die zunehmend klarer werden und sozusagen die «physiologischen Bedingungen» des Abstiegs kennzeichnen. Diese physiologischen Bedingungen sind dreifacher Natur. Da ist der kleine «Fluß», von dem wir so oft gesprochen haben, da ist der «Rhythmus», und da ist das «Feuer» des Wesens, das die Tore der neuen Welt öffnet. Man ist versucht zu meinen, dies sei eine poetische Fiktion, ein Bild, für Kinder erdacht – tatsächlich aber ist es nichts dergleichen, und die ganze Welt ist ein Gedicht, das wahr wird, ein Bild, das sich erhellt, ein Rhythmus, der Formen annimmt. Nach und nach blickt ein Kind mit den Augen der Wahrheit und entdeckt das schöne Bild, das seit allen Zeiten bestand, es hört einen unsterblichen Rhythmus, und auf diesen Rhythmus eingestimmt, tritt es in die Unsterblichkeit, die es niemals verlassen hatte. Tatsächlich wächst dieser Fluß, präzisiert sich der Rhythmus, intensiviert sich das Feuer in dem Maße, in dem sich die obersten Ebenen des Mentals und Vitals klären. Auch ist es kein einfacher Fluß mehr, sondern eine Art andauernder Strom, eine herabkommende Masse, die zuerst den Scheitel und den Nacken erfaßt, dann die Brust, das Herz, den Solarplexus, den Unterleib, das Geschlecht, die Beine, die sogar bis unter die Füße hinabzureichen scheint, als gäbe es ganz unten eine Verlängerung des Wesens, einen Abgrund der Existenz, und je tiefer der Strom hinabdringt, um so wärmer, kompakter und dichter, beinahe fest wird er: wie eine reglose Sturzflut. Der Abstieg ist proportional zu unserem Grad der Klärung und der Eindringungsmacht der Kraft (die mit unserer Klärung wächst). Kein mentaler oder psychoanalytischer Mechanismus hat die Macht, solche Tiefenschichten zu durchdringen. Die Bewegung ist unwiderstehlich machtvoll, mitunter krümmt man sich sogar darunter und fühlt sich erdrückt; zugleich besitzt sie eine Stabilität, die mit der Kraft zunimmt, als sei es am Ende des Abstiegs eine unbewegte Masse von Energie – oder eine so intensive, rapide Vibration, daß sie wie verfestigt und angehalten erscheint, dennoch in einer unvorstellbar schnellen Bewegung auf der Stelle –, «warme Goldflocken», sagte Mutter. Sri Aurobindo nannte dies die supramentale Kraft. Es scheint beinahe, als würde sie zunehmend «supramental» oder nähme supramentale Eigenschaften an, je mehr sie in die Materie hinab dringt (das heißt, je mehr wir ihr den Durchgang gestatten, die Widerstände ihrem Druck nachgeben und sie siegreich bis ganz auf den Grund stößt). Wir sagen «Supramental», aber das ist allein ein Wort gleich allen anderen, es gibt nur eine Kraft, wie es nur einen Mond gibt, der nach und nach vor unseren Augen voll wird – dabei war der Mond immer voll und die Kraft immer die gleiche: Einzig unsere Empfänglichkeit verändert sich und läßt sie anders erscheinen, als sie immer waren. Dieser «Fluß» bewirkt den Abstieg spontan und automatisch, ohne daß wir irgend etwas wollen oder entscheiden (all unsere Willensakte sind eine weitere Verwirrung), er beseitigt die Hindernisse, zwingt die Unwahrheiten unter seinem unerbittlichen Leuchtstrahl an den Tag, stellt den grauen Elf bloß, bringt all unsere versteckten Kavernen an den Tag, reinigt, hält Kehraus, erweitert und bringt Unendlichkeit in jede Ebene und in jeden Schlupfwinkel, und er gibt nicht auf und hält keine Sekunde inne, bis alles, das kleinste Detail, die geringste Regung wieder seine Urfreude, seine Unendlichkeit, sein Licht, seine klare Vision, seinen aufrichtigen Willen und seine göttliche Zustimmung erhält. Das ist die Kraft des Yoga, die Bewußtseinskraft, von der Sri Aurobindo sprach. Sie ist es, die den Übermenschen schmiedet, sie, die das supramentale Wesen schmieden wird – sie, die sich selbst schmiedet in dieser Vergessenheit ihrer selbst.

Dein goldenes Licht kam herab in mein Gehirn,
Und die grauen Räume des Mentals wurden von Sonnenlicht durchdrungen
Eine leuchtende Antwort auf die okkulte Ebene der Weisheit...
Dein goldenes Licht kam herab in meine Kehle,
Und all meine Rede ist jetzt eine göttliche Melodie...
Meine Worte sind trunken vom Wein des Unsterblichen.
Dein goldenes Licht kam herab in mein Herz
Und schlug mein Leben mit Deiner Ewigkeit...
Dein goldenes Licht kam herab in meine Füße:
Meine Erde ist nun Dein Spielfeld und Dein Sitz.[39]

Dann ist da dieses «Feuer». Auch das ist kein Mythos: «Seine rotglühende Masse ist sichtbar», sagt die Veda[40], «*Agni* (das Feuer) ist weit an Licht und konkret sein Körper»[41]. Doch anfangs ist dieser Körper nichts als ein kleiner Funke, seine glühende Masse eine flackernde Flamme, manchmal brennend, jedoch oft verloschen, und man muß sie wieder und wieder entfachen; er ist ein kleiner Schrei des Erstickens in der Nacht der Welt, eine namenlose Not, die mit uns einhergeht, unsere gewundenen Aufstiege und Niedergänge begleitet, uns hartnäckig verfolgt wie eine Erinnerung an etwas anderes, eine goldene Wiedervergegenwärtigung im Grau-in-Grau der Tage, ein Ruf nach Luft, ein Bedarf nach Raum, ein Bedarf zu lieben, ein Bedarf wahr zu sein. Und dieses Feuer, dieser Schrei wächst:

> Der Mensch ist ein schmaler Steg, ein wachsender Ruf.[42]

Zunächst ist es eine Flamme im Mental, etwas, was nach einer unermeßlichen Inspiration tastet, nach einer größeren Wahrheit, einem reineren Wissen, sich höher und höher erhebt, selbst alle Schwere der Welt, die Hindernisse, die Verhaftungen, die Fesseln der Erde abwerfen möchte, sich mitunter rein und zugespitzt auf die Gipfel des weißen Lichtes erhebt, auf denen alles für immer gewußt und wahr ist – die Erde jedoch bleibt unwahr; Leben und Körper verweilen in ihrem obskuren Konflikt, sterben und zersetzen sich. Dann beginnt die kleine weiße Flamme das Herz einzunehmen: Sie möchte lieben, heilen, retten und tastet hierhin und dorthin, hilft dem Nächsten, unterstützt dies und das, gibt sich hin, singt ein Lied, das alles umarmen, alles enthalten möchte, nimmt das ganze Leben in ihr Herz auf. Es ist bereits eine wärmere und dichtere Flamme, doch ihre Minuten der Erleuchtung gleichen blassen und zerbrechlichen Leuchtkäfern auf einem Ozean dunklen Lebens, jeden Augenblick wird sie erstickt, ertränkt, überschwemmt von der Welle und von unseren eigenen Wellen der Obskurität – nichts ändert sich, und das Leben dreht weiter seine Runden. Dann will der Sucher das Feuer, diese glühende Wahrheit in jeden Augenblick, in jede Geste einflößen: in seinen Schlaf und seine Tage, in sein Übel und sein Wohlergehen, in sein ganzes Leben, damit alles bereinigt werde, verzehrt werde durch dieses Feuer – auf daß endlich etwas *anderes* geboren werde, ein wahreres Leben, ein wahreres Wesen. Er begibt sich auf den Weg des Übermenschen. Und das Feuer wächst weiter, es stößt tiefer, steigt die Stufen des Wesens hinab, dringt in die unterbewußten Kavernen ein, vertreibt den grauen Elf, vertreibt die innere Misere und brennt immer beständiger, mächtiger, wie geschürt durch den düsteren Druck. Es hat bereits beinahe einen Körper, der unserem gleicht, von einem leuchtenden Orangerot, das ans Goldene grenzt. Doch es ist noch unbeständig und prekär, es fehlt ihm eine grundlegende Basis, ein permanentes Fundament. Also will der

Sucher dieses Feuer in seine Substanz, in seinen Körper einflößen, er will, daß seine Materie die Wahrheit widerspiegelt, die Wahrheit verkörpert, er will, daß sie außen so leuchtet wie innen – und er begibt sich auf den Weg des supramentalen Wesens. Denn dieses wachsende Feuer-Selbst, dieser Körper der Inbrunst, der mehr und mehr unserem göttlichen Archetypus gleicht, unserem Licht-Bruder auf den Höhen, der uns auf allen Seiten zu überragen scheint und eine bereits orangene Schwingung ausstrahlt, ist in Wahrheit der eigentliche Körper, der das supramentale Wesen bilden wird. Es ist die kommende Substanz der Erde: «härter als ein Diamant und doch flüssiger als ein Gas», sagt Sri Aurobindo.[43] Es ist die spirituelle Verdichtung der großen Energie, bevor sie Materie wird.

Wie aber dieses Feuer unauslöschlich in unsere Materie einprägen, wie den Übergang bewerkstelligen, die Übertragung dieses obskuren und sterblichen Körpers in einen inbrünstigen und unsterblichen Körper? Die Erfahrung läuft noch, es ist schwierig, darüber zu sprechen, niemand wird wirklich wissen, wie das zu vollbringen ist, bis es vollbracht ist. Niemand kennt das Land oder den Weg, denn niemand hat sich jemals dorthin gewagt, hat einen supramentalen Körper geschaffen! Aber es wird unabwendbar vollbracht werden, wie der Mensch und der Affe und der Tausendfüßler bereits im großen Goldenen Weltensamen vollbracht waren. Es ist das letzte Abenteuer der Erde, oder vielleicht das erste einer herrlicheren Reihe von Abenteuern auf einer neuen Erde der Wahrheit. Wir kennen das Geheimnis nicht, wir wissen einzig, in welche Richtung es zu gehen gilt – und vielleicht bedeutet das Wissen um die Richtung auch das Wissen um das Geheimnis, denn es entfaltet sich unter unseren Schritten und wird im Gehen geschmiedet.

Zumindest können wir die Richtung beschreiben, die einfache Richtung, denn wie immer sind die Geheimnisse einfach. *Das Feuer entsteht durch das Quentchen Bewußtsein, das wir einer Unbewußtheit einflößen.* Von oben betrachtet, ist es das Unbewußte, das sich widersetzt und durch die Reibung des neuen Bewußtseins, das eindringen möchte, sich erhitzt: Es fällt dieser nichtigen und automatischen Geste schwer, die eingefahrenen Gleise zu verlassen und sich anders zu bewegen, unter einem anderen

Antrieb; tausendmal, abertausendmal muß man den alten Knick richten, unablässig auf dieser Veränderung bestehen und weiterbeharren, bis dort anstelle der obskuren Routine die kleine Flamme des Bewußtseins entspringt; von unten betrachtet, ist es das Unbewußte, welches erstickt und ruft und sich stößt und sucht. Und beides ist wahr. Die Erinnerung innen ruft den goldenen Strahl, die immerwährende große Sonne läßt diesen Ruf nach Sonne aufkeimen. Und die Wandlung, die große Wandlung ist einfach: Es gilt, das kleine Feuer nach und nach zu entfachen, den Strahl in jede Geste, jede Bewegung, jeden Atemzug, jede Körperfunktion einzuflößen. Anstatt die Dinge wie gewohnt, automatisch, mechanisch zu verrichten, gilt es, sich der Wahrheit auch dort zu erinnern, auch dort die Wahrheit zu wollen, auch dort Wahrheit einzuflößen. Und es widerstrebt, vergißt, gerät aus den Fugen, die Mechanik streikt, wird krank, weigert sich, dem Prozeß des Lichts zu folgen. Man muß tausendmal, abertausendmal von vorne anfangen, Punkt für Punkt, Geste um Geste, Funktion um Funktion. Man muß sich wieder und wieder daran erinnern. Und plötzlich, auf einen Schlag, in einem kleinen Punkt des Körpers, in einem fast unmerklich verstreichenden Hauch entsteht etwas, das nicht mehr auf die alte Weise schwingt, sich nicht mehr dreht wie gewohnt, und die Atmung folgt plötzlich einem anderen Rhythmus; sie weitet sich, wird sonniger, gleicht einem tiefen Aufatmen der Freude, dem Atem einer nie gekannten, nie gekosteten Luft, die alles heilt und nährt, als atmeten wir den Nektar der Unsterblichkeit. Dann fällt man wieder in die alte Gewohnheit zurück. Wieder und wieder muß man von vorne anfangen, hier, dort, in jeder Minute – das Leben füllt sich mit einer unendlichen Beschäftigung, einem intensiven Versenktsein. Der mikroskopische Sieg einer Sekunde stärkt uns für eine weitere Entdeckung, einen weiteren Sieg. Und man beginnt an allen Ecken und Enden zu arbeiten, in allen Bewegungen und Regungen, will alles mit Wahrheit erfüllen, mit dieser Sonne, die alles verändert, die allem einen anderen Geschmack verleiht, einen anderen Rhythmus, eine andere Fülle. Dann beginnt der Körper selbst zu erwachen, beginnt selber die Wahrheit, die Sonne zu wollen, beginnt sein Feuer der Aspiration hier und dort zu entfachen, nicht mehr vergessen zu wollen; und wenn er diese kleine neue Schwingung vergißt, spürt er plötzlich ein Ersticken, als gleite er von neuem in den Tod. Der Prozeß ist einfach, unendlich und ewig: Jede Geste, jedes Vorhaben, das mit einem Quentchen Bewußtsein ausgeführt wird, heftet dieses Bewußtsein, dieses kleine Feuer des Seins an die Geste, an das Vorhaben und transformiert sie nach und nach. Ein Einflößen von Bewußtsein, ein Einflößen des mikroskopischen Feuers, methodisch, zahllos, bis die Materie unter dem Druck des Bewußtseins schließlich selbst zum Bedürfnis nach Bewußtsein erwacht, wie der Same zum Bedürfnis nach Sonnenlicht erwacht. Dann beginnt alles gemeinsam zu wachsen, unvermeidlich, unwiderstehlich unter dieser goldenen Anziehungskraft. Mehr und mehr entfacht sich das Feuer, strahlt die Schwingung, verbreitet sich der Ton, antwortet die Zelle auf das Einfließen: Der Körper leitet eine neue Funktionsweise ein, eine Funktionsweise bewußter Wahrheit.

Die Tugend des Körpers liegt in seiner schier unbeugsamen Beständigkeit; hat er einmal etwas gelernt, vergißt er es nicht mehr – er wiederholt seine leuchtende Arbeitsweise Stunde für Stunde, Tag und Nacht, mit der gleichen Unbeugsamkeit, mit der er zuvor seine Krankheiten, seine Ängste, seine Schwächen und seine jahrtausendealte obskure animalische Funktionsweise wiederholte.

Diese körperliche «Entmechanisierung» ähnelt also jener der höheren Schichten, mental und vital, doch anstelle eines Ödlands mentaler Unbewußtheit, das es zwischen dieser Straßenleuchte und der nächsten, zwischen einem Ende der Straße und dem anderen zu füllen galt, ist es ein körperliches Ödland, das zwischen diesem Atemzug und dem nächsten, dieser Bewegung und der nächsten, von einem Ende des Körpers bis zum anderen zu füllen ist; anstelle einer mentalen Mechanik, die Tausende von nichtigen Gedanken ausstößt, ist es eine körperliche Mechanik, die Tausende von unmerklichen Ängsten, Befürchtungen, morbiden Erinnerungen sekretiert und in ihren alten dunklen Arterien zirkuliert. Und jede «Wiedererinnerung», jeder Augenblick der Unterbrechung in der Mechanik, um den Blick des Bewußtseins auf diesen trüben Ablauf zu richten, schafft und bindet seinen Tropfen Licht, seinen kleinen Augenblick des Seins, sein kleines Feuer, fügt einen Tropfen an den anderen und ergibt schließlich einen anderen Fluß in diesen Venen, einen anderen Rhythmus und ein anderes Lied, und eine neue körperliche Inbrunst, die einen anderen Körper im Körper bildet, gleich einem luminösen Gegenstück, das zur Stütze, man kann sagen zum «Antrieb» des alten schattenhaften Körpers wird. Dieses leuchtende Gegenstück muß letztlich den alten Körper ersetzen (?) oder transmutieren. Es ist der nächste terrestrische Körper, der «Sohn des Körpers»[44], von dem die vedischen Rishis sprachen.

Kurz, es geht darum, das automatische «Programm», das in unseren Zellen verankert liegt, und den ganzen unerbittlichen ribonukleiden Kode, der seine kleinen Signale der Verstörtheit und seine Drüsenappelle aussendet und absondert, durch ein bewußtes «Programm» zu ersetzen, einen Ruf nach Licht, einen solaren Kode in all dem Klappern von Ventilen und Kolben und vagabundierenden Enzymen, die zwar unsere Schwächen überbrücken und die Löcher unserer Unfähigkeit, die heilsame Harmonie direkt zu absorbieren, stopfen, uns aber in einem Verlies mikroskopischer Energie gefangenhalten, das sich erschöpft und zersetzt.

Eine neue spirituelle Kultur des Körpers muß erfunden werden.

Ähnlich den anderen, mentalen, vitalen oder unterbewußten Programmänderungen bedeutet diese Veränderung des körperlichen, zellulären Programms eine ungemeine Störung des alten Gleichgewichtszustandes, wie man sich wohl vorstellen kann, denn die erste Aufgabe der Wahrheit ist in jedem Falle, Chaos zu säen, das heißt, die Lüge aufzuscheuchen, ihren Suchscheinwerfer darauf zu richten und all die kleinen Ratten herauszutreiben, die sich in den verschiedenen Windungen und Schlupfwinkeln des Körpers eingewühlt haben, die tausendundeins Viren des Todes, sollten wir sagen. Und wenn falsche Gedanken, falsche Impulse die Lügen des Mentals und des Herzens sind, so bestehen die Lügen des Körpers aus den Krankheiten – und dem Tod, der primären Lüge aller Lügen. Doch wie stets erweist es sich, daß unsere Lügen nicht so sehr ein grundlegender Irrtum oder eine grundlegende Falschheit sind als vielmehr ein Widerstand gegen eine höhere Ordnung. Dieser Widerstand ist der Schutz des Lebens – und seine Beendigung. Wir sind es gewohnt, Krankheiten als einen Kampf gegen einen schädlichen und zerstörerischen Wirkstoff anzusehen, doch vielleicht sind sie in erster Linie das äußere Zeichen eines Kampfes gegen die Wahrheit und einer Verweigerung der Wahrheit, die spontan und automatisch den Tod herbeiruft. Der

Sucher hat also mit den Lügen des Körpers zu kämpfen: Krankheit und Tod werden sein alltägliches Schlachtfeld, vielleicht sogar sein allstündliches, allaugenblickliches – Blitz-Krankheiten und Blitz-Tode –, damit er das Handwerk der Wahrheit und ihren unsterblichen Kode innerhalb dieser Sterblichkeit erlerne.

Doch der Tod ist nichts als ein Wort für etwas, was es nicht gibt. Man stirbt sowenig, wenn man von einem Zimmer in ein anderes übertritt oder wenn man seine Kleidung wechselt, wie wenn man seinen Körper aufgibt. Tatsächlich liegt der Tod nicht «auf der anderen Seite»: Er liegt hier und in jedem Augenblick, ist voll und ganz in das Leben untergemischt, wir tragen ihn in uns, wohin wir auch gehen, und mitunter *wird* er zum Tod. Dieses «mitunter», diesen Augenblick oder diese vollständigere Bewegung des Todes in uns, gilt es zu packen. Der Tod ist kein «anderer Zustand», kein Unfall, der uns plötzlich und unerwartet in etwas anderes stürzt: Er ist in das Leben selbst eingebettet, ist seine Basis, sein trübes Fundament, und gelingt es uns, diese enggeknüpften Fäden zu entwirren, diesen Tod im Leben zu erhaschen, dieses Selbst des Todes, das sanft in uns pocht und unser Selbst der Wahrheit Tag für Tag, ja beinahe Stunde um Stunde und in jedem Augenblick zu ersetzen sucht, so halten wir den Schlüssel zur beliebigen Verlängerung des Lebens in den Händen. Man stirbt nur aus Mangel an Wahrheit. Das ist der einzige Mangel der Welt. Wären wir vollkommen wahr, wären wir auch vollkommen unsterblich. Der Tod ist die Auflösung der Lüge – denn die Lüge ist im wesentlichen zersetzend –, und wir sterben nur, solange wir nicht von Kopf bis Fuß und in jeder Zelle unseres Körpers wahrhaftig geworden sind. Insgesamt ist der Tod der Wächter der Wahrheit, der finstere Engel, der an der Schwelle der Unsterblichkeit steht und alles zerstört, was nicht fähig ist, rein in die Wahrheit überzugehen. In unserem geläuterten Geist, vielleicht in unserem Herzen und unseren Gefühlen haben wir diese Schwelle bereits überschritten – wir müssen sie in unserem Körper überschreiten. Das Selbst der Wahrheit muß das Selbst des Todes ganz ersetzen. Der Prozeß der Immortalisierung vollzieht sich von oben nach unten, zunächst im Mental, dann im Herzen und in den Sinnen, dann im Körper – aber der höchste Widerstand liefert den höchsten Sieg.

Und in der Tat ist es ein Widerstand. Der Tod ist ein Widerstand gegen das Gesetz der Wahrheit, gegen den immer neuen Fluß der Harmonie. Tief unten sind wir auf dem «Fels der Unbewußtheit» gegründet, von dem die vedischen Rishis sprachen.[45] Dieser Fels ist vielleicht der erste Augenblick, in dem sich die große Energie verfestigte, zu Materie wurde, in einen finsteren Widerspruch mit sich selbst geriet, in einen trägen Ruhezustand ihres triumphierenden Flusses «hinabstürzte», verloren in einer reglosen schwarzen Ekstase gleich einer Umkehrung ihrer solaren Ekstase auf den Gipfeln. Diejenigen, welche die Erfahrung des Hinabstiegs in das materielle Unbewußte gemacht haben, wissen wohl, daß das Bild der vedischen Rishis keinesfalls ein Bild ist, sondern eine ziemlich furchtbar zu durchquerende Tatsache. Es ist tatsächlich ein Fels – ungeheuer und scheinbar grundlos –, ein schierer, senkrechter Sturz in eine Kluft von Basalt, von der sich nicht einmal sagen läßt, daß sie schwarz sei, denn es gibt in ihr keinen Funken Schwarz, keinen Strahl, der es gestatten würde, ein Schwarz zu erkennen – es ist *das* Schwarz –, absolut, ohne einen einzigen Atemzug, ohne die geringste Schwingung: ein augenblickliches Ersticken, ein tödlicher Mangel an Sauerstoff. Eine vollkommen reglose Welt, vollkommen geschlossen, wie an sich selbst erstickt, ohne einen Laut, ohne eine Bewegung, ohne das geringste Echo. Die totale Leere und doch gleich einer schwarzen erstickenden Existenz, etwas, das trotz alledem *ist*, jedoch wie eine Verdichtung absoluter Verneinung, wie eine ungeheuere Weigerung, die ihre Mauern aus Basalt errichtet und tiefer und tiefer hinabstürzt, gleich einem Abgrund im Abgrund, gleich einem Tod im Tod. Und in der Tat ist der Abstieg dorthinein wie der Tod. Es ist der Tod. Die Unbewußtheit. Man *kann dort nicht* sein, man *darf dort nicht* sein, es gleicht der höchsten Intoleranz gegen alles, was sich regt und atmet, gegen alles, was ein Quentchen Licht mit sich bringt, das einen leben läßt. Es regt sich nicht. Es atmet nicht. Es ist NEIN. Ein ungeheueres NEIN von allem gegen alles, welches einen schluckt oder ausstößt – oder zwingt, ein größeres Licht als diese Finsternis zu rufen.

Es gibt nur ein Licht, das größer ist als diese erstickende Undurchdringlichkeit von Schwarz: das höchste Licht, die große Sonne der Wahrheit.

Aus diesem Grunde heißt es in den Upanishaden, Yama, der Gott des Todes, sei der Sohn der Sonne.[46]

Die äußerste Sonne liegt in der Tiefe der äußersten Finsternis. Der «Tod» ist der Übergang zur Unsterblichkeit, der Wächter der großen vollkommenen Sonne, die letzte Nötigung zur integralen Wahrheit. Alles was in diesem Augenblick nicht fähig ist, das Licht zu rufen, alle ungeläuterten Fragmente des Wesens werden unmittelbar von diesem Nein verschlungen, in ihm aufgelöst, versteinern in dieser schwarzen Ekstase, weil sie selbst ein kleiner Funke dieses Nein sind, eine kleine Weigerung dieser großen Weigerung, ein Splitter dieses kolossalen Felsens.

Und gleichzeitig halten wir den Schlüssel zu allem, was im Leben den Tod bringt – unsere unzähligen kleinen Tode in jeder Minute. Und wir verstehen, daß der Körper, dieser kleine so zerbrechliche, so lächerliche Körper, den andere als alten Lumpen oder Hindernis im höchsten Spiel des freien Geistes verachten, in Wahrheit das Feld einer höchsten Eroberung und einer höchsten Befreiung ist und daß das Paradies der Wahrheits-Sonne auf der Erde und in unserem Körper gebaut wird, in jeder Minute, durch unsere Zustimmung oder unsere Verweigerung des Lichts, durch unsere Wahl in jeder Minute zwischen unserem Selbst von Licht und unserem Selbst des Todes.

Das supramentale Wesen ist eines, das für immer vom Tod befreit ist, und durch seine Befreiung wird die Erde befreit werden, durch ihre höchste Finsternis zu ihrer höchsten Sonne genötigt.

XV

Das transformierte Wesen

Der Sucher der integralen Wahrheit gleicht also einem Kämpfer gegen den Tod; in der Tat war das schon die ganze Zeit seine Aufgabe und Arbeit gewesen, seit dem Augenblick, wo er auf dem Boulevard innehielt und die dunkle Hast der Mechanik mit seinem Schrei durchbohrte. Er focht die Schlacht gegen die Lüge der Unbewußtheit in seinem Mental, in seinem Herzen, in seinem Leben und in jeder Geste und in seinem Unterbewußtsein, und nun offenbart die Lüge ihr wahres Gesicht: Sie ist der Tod, welcher auf den Boulevards des Mentals, in den Schlupfwinkeln des Herzens, den Kavernen des grauen Elfen paradierte, der Tod, welcher heimlich zersetzende Gedanken, obskure Stürze der Begierden und die Umklammerung des Egos herbeirief; doch hinter dieser unablässigen Verfolgung des Durstes und Besitzens, hinter den tausend Fragen des Mentals, den Tausenden gierigen Gesten gab es so etwas wie zwei sterbliche Arme, die sich für immer verschließen und die große Befriedigung des «Nichts», ohne Begierde, ohne einen Hauch, ohne jede Spannung von Schmerz an ein endlich stumm gewordenes Herz drücken wollten. Der graue Elf hat sein steinernes Gesicht angelegt, das mentale Ego den Schlußstein seiner undurchdringlichen Festung gesetzt: Unsere brillanten Meisterschaften sind die Meisterschaften des Todes, sie werfen ihn uns ins Gesicht, eines Tages, wenn die Gefangenschaft vollkommen ist – der innere Tod legt sich über den äußeren Tod, genau so, wie wir ihn Geste für Geste erbaut haben. Man tritt nicht auf die andere Seite über: Man befand sich seit jeher auf der Seite des Todes. Für den

Kämpfer der Wahrheit jedoch klärt sich das Spiel; zehnfach, hundertfach im Verlauf des Tages ertappt er sich dabei, auf die Seite des Todes zu treten; wieder und wieder überschreitet er die Grenzlinie, kippt unmerklich in die Lüge vermittels der winzigen Nichtigkeiten, in denen sie ihre Zuflucht findet, folgt dem Hin und Her zwischen Leben und Tod in den Arterien seines Körpers. Er lernt die Technik des Übergangs, entwirrt diese tödliche Mischung.

Ich verließ die Oberflächen-Götter des Mentals
Und des Lebens unbefriedigte Meere
Und tauchte durch die blinden Gänge des Körpers
In die Unterwelt-Mysterien.[47]

Das ist eine lange, monumentale Arbeit; jeder Sieg verwandelt sich in eine Niederlage, jede Niederlage wird zu einem größeren Sieg, immer wieder muß man an einem weiteren Punkt von neuem beginnen, und an einem weiteren, ohne Ende. Wir glauben Sri Aurobindos bewegende Stimme am Ende einer langen Reise, seinen Schrei ungebrochener Gewißheit zu hören, der durch die zerbrechlichen Wände des Todes hallt:

Ich traf eine Verabredung mit der Nacht...
Und durchreiste eine düstere, blinde Weite
Zu den grauen Ufern, an die ihre ignoranten Wasser schlagen.
Ich wanderte entlang der Frostwellen durch den schweren Schlamm
Und noch kennt die beschwerliche Reise kein Ende;
Verloren die strahlende Gottheit jenseits der Zeit,
Keine Stimme des himmlischen Freundes ertönt,
Und dennoch weiß ich, werden die Spuren meiner Füße
Ein Pfad zur Unsterblichkeit.[48]

Doch das ist noch immer eine negative Art der Darstellung, denn dem Reisenden auf dem Sonnenweg ist es weder um Höllen noch Nacht zu tun, noch sucht er nach mikroskopischen Blitz-Toden, wenn sie ihn auch mitunter in einem Aufschrei des Erstikkens überfallen: Er sucht jederzeit und in allem, was er tut, mit dem großen Fluß der Harmonie und des Lichts und der Wahrheit in Verbindung zu bleiben, in all seinen Funktionen, jedem Atemzug, jedem Herzschlag; er ist ein minutiöser Besiedler des Lichts. Er drängt es in jede Ecke, jeden Winkel seines Körpers, in seinen Schlaf wie ins Wachen, in jede Handlung, jede Bewegung, jede Sackgasse des Körpers, so wie er dies früher auf allen Straßen außen tat, und Schritt für Schritt, Zelle um Zelle gewinnt er an Grund. Er entfacht das Feuer der Not – Not nach Wahrheit, Not nach Licht, Not nach Raum – in jeder einzelnen seiner winzigen Festungen und drängt die Demarkationslinie der Unbewußtheit weiter und weiter zurück. Krankheiten befallen ihn, seine Kräfte schwinden *, der Tod grimassiert einen Augenblick, dabei ist dies jetzt weder eine Falle noch ein Fall, denn er hat seine Augen weit offen und sieht, daß eine unfehlbare Hand ihn in diesen Abgrund leitet, damit er auch dort das Feuer der Wahrheit, einen Hilferuf, ein Verlangen nach Weite und Unendlichkeit entfache – und in der Sekunde, in welcher der wahre Schrei hervorbricht, löst alles sich auf, die Krankheit, der Tod, in Sekundenschnelle, gleich einem unwirklichen Schleier. Er lernt um die Unwirklichkeit des Todes – die höchste Unwirklichkeit, sie zerfällt in einem Augenaufschlag unter einem einzigen kleinen Hauch der Wahrheit. Und wenn man daran glaubt, ist es der sofortige Tod, der unerbittliche Basaltfluß, der uns in sein Nichts saugt – das wirklich nichts ist, nicht existiert: Der Schrei eines Kindes durchbohrt ihn spielerisch! Es gibt nur eine Wirklichkeit, die unsterbliche Wahrheit, die Sonne, die seit jeher scheint, der große süße Fluß, der die Welten und die Körper bewegt – wenn wir an ihn glauben wollen, uns von ihm tragen lassen wollen, dem Sonnenweg zustimmen wollen. Er ist die einzige Realität. Der Tod existiert nicht, er ist allein das Vergessen dieser Realität. Eine Sekunde der Erinne-

* Tatsächlich ist er sich des Verlusts der alten Vitalkräfte viel bewußter als der neuen Kräfte, die in ihm aufkommen, die subtiler sind, ungewohnt für seinen Körper, und deren Funktionsweise er nicht sehr gut versteht – sie scheinen in Sekundenschnelle zu verschwinden, durch eine mikroskopische Veränderung im Bewußtsein, und in Sekundenschnelle wieder aufzukommen, ihn zu erfrischen, durch eine weitere Veränderung des Bewußtseins, die er noch wenig versteht. Doch diese kleine Sekunde der Erfrischung ist unsäglich belebender als Stunden der physischen Ruhe, und sie scheinen von Grund auf eine Ordnung gleich einer Erneuerung des Wesens wiederherzustellen.

rung, und alles leuchtet in der Sonne – hat niemals aufgehört, in der Sonne zu leuchten, Schatten hat es niemals gegeben, den Tod niemals gegeben: Es gab nur diesen falschen Blick. Der Tod ist ein falscher Blick. Die Welt wächst ihrem wahren Blick entgegen, der alles in das verwandelt, was es wirklich ist, sie wächst ihrem Feuer entgegen, das alles in das transmutiert, was es wirklich ist: Die Wahrheit in einem Punkt enthüllt die Wahrheit aller Punkte, die Wahrheit der Materie wirkt auf jede Materie – und der Tod und der Schatten und das Nein, die im Herzen der Welt vergraben liegen, offenbaren ihr unsterbliches Antlitz, ihr ewiges Licht, ihr beistimmendes und herrliches Ja, denn sie haben ihren äußersten Grund berührt und ihre Mission erfüllt, die darin bestand, uns an die Tore der Sonne zu führen – in unserem Körper und auf einer Erde der Wahrheit.

Doch das Aufspüren und Vertreiben der Lügen und Unbewußtheit des Körpers liefert uns noch nicht die Unsterblichkeit, es liefert uns allein die willkürliche Verlängerung des Lebens, und «wer scherte sich darum», sagt Sri Aurobindo, «denselben Mantel über hundert Jahre zu tragen oder über eine lange Ewigkeit in einer engen unveränderten Wohnung eingesperrt zu sein?»[49] Das Leben in seiner gegenwärtigen schwerfälligen Form zu verewigen wäre wahrlich eine gräßliche Bürde, von der wir uns alsbald zu befreien suchten. Deshalb ist diese willkürliche Lebensverlängerung nur ein erster Arbeitsschritt, der uns die Zeit gibt, das supramentale Wesen in unserem Körper herzustellen. Es erfordert Zeit, dies zu tun, und es ist ein Wettlauf zwischen der Schnelligkeit des Todes und der Schnelligkeit der Transformation. Sri Aurobindo schätzte, daß dreihundert Jahre notwendig wären, um dieses Wesen zu bilden. Doch die Bewegung scheint sich zunehmend zu beschleunigen, und vielleicht hängt diese höchste Transformation nicht so sehr von der zeitlichen Länge individueller Vorbereitung ab als vielmehr von der Vorbereitung der Erde insgesamt und von ihrer Fähigkeit, die neue Welt zu akzeptieren. Und die Kraft der neuen Welt hämmert mitleidlos auf die Erde ein, schreitet mit Riesenschritten voran, platzt aus allen Nähten und Fugen, und das, was uns als ferner Glockenschlag erschien, wird zu einem ungeheuren Totengeläut, das die kommende Auferstehung verbirgt. Wir erreichen den Grund des

Grundes, stehen vor dem Tor der tiefen Nacht, die das Unerwartete verschleiert.

Alles hier ist Wunder und kann durch ein Wunder sich wandeln.[50]

* * *

Diese Genesis des supramentalen Wesens ist kein wirklich separates Stadium, sie ist in allen Punkten mit der des Übermenschen verbunden, allein das Mental zwingt uns, Trennlinien zu ziehen. Tatsächlich ist es eine lange Reise durch Leben und Epochen, Körper und Körper, das langsame Wachstum eines kleinen inneren Feuers, das sich bereits im Atom verbarg, im Stein und in der Pflanze, nicht größer als ein Leuchtkäfer, das im Menschen seines Selbst bewußt wurde, durch Kampf und Schmerz wuchs, durch Erfahrungen über Erfahrungen in einer weißen oder braunen Haut, auf dieser Breite oder einer anderen, das im Mental als kalter Strahl auftrat, die Finsternis in tausend widersprüchliche Strahlenbündel zerlegte, im Herzen wie eine kleine heiße Flamme pochte, gegen Wind und Wetter drängte und kämpfte, sich in der Liebe plagte, sich im Schmerz plagte, sich im Genuß plagte; den Panzer dieses Lebens durchdrang, um nichts leuchtete gleich einem Johannisfeuer an den Gestaden der Welt, hier und dort suchte, seine Flamme an Millionen Nichtigkeiten entfachte, die niemals die Fülle ergaben, die Tage und Stunden entbrennen ließ, die Minuten und die Stunden einnahm, die großen Gesten und die kleinen, die kalten Jahreszeiten und die heißen, bis es nur noch eine einzige Jahreszeit des Feuers, einen einzigen Gesang der Flamme hier und dort gab; und sie wurde der Körper unseres Körpers, das Herz unseres Herzens, der hohe Gedanke, der den weißen Flammen des Geistes entspringt, die reine Vision, die die Schmerzen der Erscheinungen durchdringt, die reine Liebe gleich purpurrotem Schnee auf den tristen Gefilden der Erde, die reine Musik, der reine Rhythmus, der mit allem harmonisiert – sie wurde unser Körper des Gebets für die Welt, unser Körper des Lichts für die Menschen, unser Körper der Inbrunst für die Zukunft der Erde, unser lebendiger Scheiterhaufen für die Transfiguration der Materie. Und je tiefer sie sich in diese dichte Finsternis bohrte, in diese

Verneinung im Grunde, die Kleinlichkeit Tausender Gesten und Schläge für nichts und die Routinen des Todes, um so blendender, strahlender, sonnenhaft golden leuchtete sie, konkretisierte sich, als stände sie am Rand einer letzten Übertragung, einer goldenen Invasion der Materie, eines letzten Aufschreis der Liebe, welcher die Mauern umstürzen würde, um die lebendige Pracht des neuen Körpers hervorzubringen, den Meister dieser ganzen Evolution. «O Feuer... die flammenden Strahlen Deiner Macht brechen gewaltig in alle Richtungen aus», sagt die Veda. «O Flamme der hundert Schätze... O Sohn des Körpers... Du gründest das Sterbliche in einer höchsten Unsterblichkeit.»[51]

Eines Tages wird er hervortreten als Meister der langen Feuerreise, das Ziel aller dieser Schmerzen, der Brennpunkt aller Epochen und Zeiten, und die ganze Erde wird sich verändert finden, ergriffen von seinem unwiderstehlichen Strahl der Freude und der Schönheit, durch das Lächeln zum Lächeln bekehrt. Und alle Schatten werden fallen, als hätte es sie nie gegeben.

> Noch vermag die Vollkommenheit eines einzigen Menschen die Erde zu retten.[52]

Sein wahrer Blick wird den wahren Blick in jedem von uns öffnen. Seine reine Wahrheit wird dieselbe Wahrheit in jedem Herzen und jedem Atom leuchten lassen. Seine Wirklichkeit verwirklicht die Erde. Die Erde wird transformiert durch das unwiderstehliche Strahlen ihrer eigenen Sonne.

Allein die Freude vermag zur Freude zu bekehren.

* * *

Wie wird der supramentale Körper sein, dieses «göttliche Leben» auf der Erde? Auch hier werden sich die Wunder als das einfache Naturell der Welt erweisen, und das neue Leben wird einer göttlichen Logik folgen, der Logik der göttlichen Wahrheit der Materie. Was sein wird, ist bereits hier, rauh, ungeschliffen, kaum seiner selbst gewahr, beschränkt durch die Beschränktheit unserer Sicht, denn die Welt ist wahrhaftig eine Vision, die sich enthüllt. Diese kolossale, unzählige, unerschöpfliche Energie, diese Bewußtseins-Kraft, die ungeheure Harmonie, von der wir uns abgeschnitten und in einem kleinen egoistischen Körper verbarrikadiert haben, eingeschlossen in ein Beben der Begierde und des Schmerzes, wird ungehindert durch uns fließen, denn unser Selbst wird das Selbst der Welt geworden sein, unser Denken der Übermittler des großen Rhythmus, unser Herz der Verbreiter des großen Pochens der Einheit, unser Gesetz das einzige sonnige Gesetz, das die Welten bewegt, und unser Körper das Symbol des großen Körpers der Erde. Es wird keinen falschen Ton mehr in uns geben, keine persönliche Blende, keine verzerrenden Linsen, keinen egoistischen Willen, sondern den alleinigen Willen, der die Welten bewegt, und den einzigen Ton, der die Sphären zum Singen bringt. Dann wird die Harmonie auf allen Ebenen unseres Körpers fließen können, unmittelbar, allmächtig, rein. Die kleinen Bewußtseinszentren * – die verschiedenen Chakren – werden zu mächtigen Verdichtern der kosmischen Energie geworden sein, ihre Projektoren auf die Materie; sie werden unseren Körper direkt nähren, wie uns heute die Nahrungsmittel indirekt ernähren; ein jeder wird die exakt seiner Funktionsweise entsprechende Schwingung empfangen, die seiner Aktionsweise entsprechende «Frequenz» des Lichts: die Strahlen des augenblicklichen Gedanken-Willens, der vollbringt, die Blitze der Wahrheitsvision, welche die Dinge an ihren Platz stellt und die Wahrheit jedes Wesens, jedes Gegenstands, jedes Umstands öffnet und befreit, die Sonne des Herzens, die heilt, die Flut der Lebenskraft, welche die Hindernisse hinwegfegt, den großen Strahl der ursprünglichen Kraft, der die Materie durch die Wahrheit der Materie gestaltet. Alle Nerven, Gewebe, Zellen, die wir entmechanisiert, gereinigt, von ihrer Verschlingung der Unbewußtheit befreit haben, werden zu freien Kanälen der supramentalen Kraft und tauchen unseren Körper in die Lichter des Geistes, der Freude des Geistes, des unsterblichen Nektars – bis auf den Tag, an dem dieses goldene Einfließen genügend konzentriert und individualisiert sein wird, um die schwerfällige Funktionsweise der Organe zu ersetzen und durch alle Poren der alten Haut zu leuchten, den groben Körper durchtränkt, transmutiert oder ihn in seine solare Glut aufnimmt, wie die mächtige Gravitation der Atome die Partikeln aufnimmt und ihre Körper strahlender Energie freisetzt.

* Siehe *Sri Aurobindo oder das Abenteuer des Bewußtseins.*

Wir wissen nichts, nicht das geringste über den letztendlichen Verlauf! Er wird sich jedoch so unausweichlich vollziehen, wie die Knospen des Goldregens aufbrechen und ihre goldenen Kaskaden ergießen. Der sterbliche Körper wird seine Arbeit getan haben, die darin bestand, durch seinen eigenen Schrei einen unsterblichen Körper auf der Erde zu bilden und den Geist zu offenbaren, den er seit jeher in seinen dunklen Zellen barg.

Dann wird das befreite supramentale Wesen sich in seiner eigenen fluiden, leichten, luminösen, solaren Substanz bewegen können, sich nach Belieben fortbewegen, sich in eine unsichtbare Konzentration seiner selbst zurückziehen oder siegreich nach außen stürzen, seine Farbe und Gestalt entsprechend seiner inneren Verfassung oder seiner Konzentrationsebene oder seiner Notwendigkeit der Ausführung verändern, unmittelbar und melodisch kommunizieren, die Materie entsprechend seinem Willen handhaben, sie willentlich verändern, sie willentlich neu schaffen oder neu gestalten durch die einfache und unmittelbare Einwirkung auf die Wahrheitsschwingung in den Dingen, willentlich aufbauen, willentlich auflösen und einfach und augenblicklich all jene Operationen ausführen, die unsere Maschinen auf Umwegen vermittels einer schwerfälligen Übersetzung unserer mentalen Kräfte leisten. Denn in Wahrheit ist es ein «supramentales» Wesen, nicht weil es mit einem Super-Mental ausgestattet ist, das eine Gradstufe über dem Mental läge und der Materie eine zwingendere Macht auferlegen könnte, sondern weil es mit einem verinnerlichteren Grad an Macht begabt ist, die sich der Materie nicht aufdrängt, ihr nicht gewaltsam Wunder abringt, sondern ihre eigene kreative Energie freisetzt, ihre eigene kreative Freude und sie ihren eigenen Lichtton singen läßt, so wie der Schäfer auf seinem Schilfrohr bläst.

Und das Leben außen wird dem Leben innen gehorchen.

Es wird das Ende der Kunstgriffe sein. Diese fabelhafte, ungeheure Welt, die auf allen Etagen und Stufen mit Maschinen bestückt ist, verstrickt in eine Mechanik, die uns verschlingt und die kleinste Bewegung des Lebens, den kleinsten Hauch des Denkens, den leichtesten Herzschlag verschlingt und uns unter ihrem riesigen Panzer niederwalzt, in der diejenigen, die am reichsten an falschen Kräften, am besten mit verlogenen Parolen bewaffnet, mit der schwersten Verpanzerung triumphierender Unbewußtheit ausgestattet, mit den leuchtendsten falschen Farben, falschem Flitter und falschen Fernsehlichtern geschmückt sind, die hypnotisierte Masse beherrschen, welche diesem barbarischen Molochopfer beistimmt, dieser universellen und totalen Versklavung, die detailliert bis in die kleinste unterbewußte Reaktion reicht, in der selbst die erleuchtetsten Menschen durch den dumpfen Widerhall der Mechanik bewegt werden und von ihren eigenen Kräften zu sehen, zu fühlen und zu kommunizieren entfremdet sind, erstickt werden unter einem gigantesken Apparat, der ihr Denken bedingt, ihre Gefühle bedingt, ihren Glauben bedingt, sie durch die Wissenschaft reglementiert, durch das Gesetz reglementiert, durch die Maschine reglementiert, die man ankurbeln muß, um zu leben, ankurbeln muß, um zu essen, ankurbeln muß, um zu atmen und zu reisen, die man am Leben erhalten muß, um selbst zu leben – diese Welt wird sich wie ein irrealer Alptraum auflösen unter dem ruhigen Blick der Wahrheit, der jedes Ding und jede Sache an ihren Platz stellt, die Wahren mit Macht ausstattet, jeden entsprechend seinem Licht kleidet, jeden in seiner wahren Farbe erleuchtet, die innerste Schwingung ohne Ausflucht, ohne falsche Verkleidung durchscheinen läßt, die Wesen spontan, automatisch, sichtbar, gemäß der Qualität ihrer Flamme und der Intensität ihrer Freude einordnet, die Klarsten mit seinem mächtigen Rhythmus versieht, jedem eine ihm gemäße Welt gibt, eine Behausung entsprechend seiner Farbe, einen unsterblichen Körper entsprechend seiner Freude, einen Aktionsradius, der mit der Reichweite seines eigenen Strahls konform geht, eine Macht, die Materie zu modellieren und sie gemäß ihrer Intensität der Wahrheit und ihrer Kapazität für Schönheit und ihres Grades echter Phantasie zu verwenden; denn schlußendlich ist Wahrheit Schönheit, ist höchste Phantasie, die durch all die Millionen Jahre und Milliarden von Schmerzen uns dazu bringen wollte, unsere eigene Macht der Liebe und der schöpferischen Kraft wiederzuentdecken und den Tod durch die unsterbliche Freude zu entwurzeln.

Wie aber wird diese so schwere, so rebellische Materie, dieser gefühllose Stein der Macht des Geistes gehorchen? Wie wird sich die Materie der Erde transformieren lassen, ohne durch irgendeinen Vorschlaghammer zerschlagen, vergewaltigt, zermalmt oder in unseren nuklearen Kesseln auf einige tausend Grad erhitzt zu werden? Ebensogut ließe sich fragen, wie der Stein dem gewundenen Aufstieg der Raupe entkommen konnte – wir sehen nicht über unsere mentale Konditionierung hinaus; unsere Sehweise aber ist falsch, und die Materie, die wir so mitleidlos zermalmen, ist ebenso lebendig, aktiv, antwortend wie der Strom der Sterne über unseren Köpfen oder das unmerkliche Beben des Lotos in der Maisonne. Auch die Materie ist lebendig, auch die Materie ist eine Substanz der Ewigkeit, und sie vermag ebenso zu antworten wie das Mental oder das Herz oder die Pflanze. Es kommt einzig darauf an, den Berührungspunkt zu finden, die wahre Sprache zu kennen, so wie wir die Sprache der Zahlen gefunden haben, nur um ihr einige Ungeheuer zu entlocken. Es gilt, eine andere Sprache zu finden, für eine andere Vision, eine konkrete Sprache, die die Erfahrung dessen gibt, was sie benennt, die das sichtbar macht, was sie sagt, die das berührt, was sie ausdruckt, und die die Schwingungen nicht übersetzt, sondern sie konkretisiert, die Dinge bewegt, indem sie den gleichen Ton aussendet. Eine ganze Magie des Wortes gilt es wiederzuentdecken.

Denn es gibt auch einen Rhythmus, der sowenig Fiktion ist wie das «Feuer» oder das «Fließen». All das ist ein und dasselbe unter einem dreifachen Gesicht *, unter seinem individuellen und universellen Aspekt, in seiner menschlichen Verdichtung oder im interstellaren Raum, in diesem Stein oder jenem Vogel. Jedes Ding, jedes Wesen hat seinen Rhythmus, so wie jedes Ereignis und die Rückkehr des Vogelzugs aus dem Norden. Es ist der große Ritus der Welt, ihre unteilbare Symphonie, von der wir uns mit unserem kleinen mentalen Körper abgeschnitten haben. Doch er ist gegenwärtig, dieser Rhythmus, im Herzen von allem und trotz allem, denn ohne ihn würde alles zerfallen und sich zerstreuen: Er ist das ursprüngliche Bindemittel, das musikalische Netzwerk, das die Dinge verbindet, ihre innerste Schwingung, die Farbe ihrer Seele und ihr Ton. In den alten tantrischen Schriften heißt es: «Der natürliche Name der Dinge ist der Klang, der erzeugt wird durch die Bewegung der Kräfte, aus denen sie sich zusammensetzen.» [53] Das

* Und sagt nicht die *Rig-Veda* in einem ihrer schlagendsten Verse: «Du, o Feuer, hast das Wort der Wahrheit.» (I.59.7)

ist der wahre Name eines jeden Dings, seine Macht des Seins und unser einziger wahrer Name unter den Millionen Erscheinungen. Es ist das, was wir sind und was hinter all den Vokabularien und den Pseudonymen *ist*, mit denen die Wissenschaft und die Gesetze uns und die Welt unentwegt auskleiden. Und vielleicht ist diese ganze Suche der Welt, diese quälende Evolution, diese Schlacht der Dinge und der Wesen eine langwierige Suche nach ihrem wahren Namen, ihrer einzigartigen Identität, ihrer wahren Musik hinter dieser wahnsinnigen Parodie. Wir sind niemand mehr! Wir sind irgend jemand in diesem mentalen Getöse, das vom einen zum anderen weitergeht; und dennoch sind wir ein einzigartiger Ton, ein kleiner Ton, der sich um seine große Musik müht, der sich überall stößt und der knirscht und leidet, weil er sich nicht singen kann; wir sind eine unersetzbare Person hinter diesem Karneval der falschen Namen, wir sind ein Name, der unsere einzigartige Tonalität ist, unser kleines Leuchtfeuer des Seins, unsere schlichte Einweihung in die Große Weihe der Welt, und der uns doch geheimnisvoll mit allen anderen Leuchtfeuern und allen anderen Namen verbindet. Diesen Namen zu kennen bedeutet, alle Namen zu kennen. Ein Ding zu benennen heißt, fähig zu sein, es durch seine Musik wiederzuschöpfen, die gleichen Kräfte in ihrem harmonischen Netzwerk zu erfassen. Das supramentale Wesen ist vor allem «der Kenner des Wortes», von dem die vedischen Rishis sprachen, «der Priester des Wortes»[54], «derjenige, der schafft» durch die einfache Intonation der Wahrheit der Dinge, *poietes* – er ist der Poet der Epoche der Zukunft. Und sein Poem ist ein Fluß der Wahrheit, dessen jede tatsachen- und materieschaffende Silbe auf die Große Harmonie eingestimmt ist: eine Wiederschöpfung der Materie durch die Musik der Wahrheit der Materie. Er ist ein Poet der Materie. Durch diese Musik transmutiert er; durch diese Musik kommuniziert er; durch diese Musik erkennt und liebt er – denn in Wahrheit ist dieser Rhythmus die eigentliche Schwingung der Liebe, welche die Welten gebar und sie immerfort in ihrem Lied trägt.

Wir haben diesen kleinen Ton vergessen, den einfachen Ton, der die Herzen erfüllt und alles erfüllt, als würde die Welt plötzlich in orangene Zärtlichkeit geschlagen, so weit und tief wie grundlose Liebe, so alt, so vorzeitlich, als umfaßte sie die Zeitalter, entspränge dem Grund der Zeiten, dem Grund des Leids und aller Leiden der Welt und aller Nächte, ihrer Irrungen, ihrer Millionen schmerzvoller Wege über Leben und Leben, ihrer Millionen entschwundener Gesichter, verflossener und versunkener Lieben, die plötzlich wiederauftauchen und uns in diesem orangenen Aufbrechen ergreifen – als wären wir all diese Leiden und Gesichter und Wesen gewesen auf den Millionen von Wegen der Erde und all ihre Gesänge der Hoffnung und Verzweiflung, all ihre verlorenen und getrennten Lieben, all ihre nie verloschene Musik in diesem einzigen kleinen Ton von Gold, der einen Augenblick mit dem wilden Schaum aufbricht und alles mit einer unsagbaren orangenen Übereinstimmung erfüllt, einem totalen Verständnis, einer Musik siegreicher Sanftmut hinter dem Leid und dem Chaos, einer überbordenden Augenblicklichkeit, als wären wir für immer im Ziel.

Dann haben wir das Ufer erreicht.

Das supramentale Wesen und der Übermensch sind nur die Vervollkommnung dieses kleinen Tons. Sie sind hier! Sie kommen! Sie schlagen an das Tor unserer Epoche:

> Ich sah sie das Zwielicht einer Epoche durchschreiten,
> Die sonnenäugigen Kinder einer herrlichen Morgenröte…
> Die mächtigen Blockade-Brecher der Welt…
> Die Architekten der Unsterblichkeit…
> Körper leuchtend durch des Geistes Licht,
> Träger des Zauberwortes, des mystischen Feuers,
> Träger des Dionysischen Kelches der Freude.[55]

Und sie werden unsere Mauern zum Einstürzen bringen.

XVI

Die Zeit der Wahrheit

Bleibt das irritierende Geheimnis des Übergangs zwischen diesem Lichtkörper und dem Schattenkörper, diesem Wahrheitskörper und dem sterblichen Körper. Wir haben von «Wandlung» gesprochen, von Reabsorbierung des einen im anderen oder von der Transmutation des einen durch den anderen. Aber all dies sind Worte, die unsere Ignoranz verbergen. Wie wird diese «Kruste», wie jene es nannte, die Sri Aurobindos Werk weiterführte (und das gefährliche Abenteuer, den letzten großen Sprung der materiellen Evolution wagte), sich öffnen, der langgehegten Blüte des Feuers weichen, wie wird diese neue materielle Substanz – die Substanz der neuen Welt – in Erscheinung treten, sich materialisieren? Denn sie ist bereits hier, sie wird nicht vom Himmel fallen; sie leuchtet bereits für diejenigen, welche die Vision der Wahrheit haben. Sie wurde erbaut, verdichtet durch die Flamme der Aspiration einiger Körper; es scheint fast, als genüge ein Nichts, um sie ans helle Tageslicht treten zu lassen, sichtbar und greifbar für alle – dieses «Nichts» aber, dieser unfaßbare Schleier, dieser letzte Filter, wir wissen weder, woraus er besteht, noch was ihn beseitigen wird. Denn es ist wirklich nichts, kaum eine Kruste, und dahinter pocht und vibriert eine neue Welt, so intensiv, so glühend, so leuchtend, von einem so schnellen Rhythmus und einem so lebendigen Licht, um so vieles lebendiger und wahrer als das Licht der gegenwärtigen Erde, daß man sich wahrlich fragt, wie es möglich ist, in dieser alten, verhärteten, engen, schwerfälligen, unbeholfenen Substanz weiterzuleben, und daß das ganze Leben, wie es jetzt ist, tatsächlich als eine alte, ausgetrocknete, hauchdünne, farblose, fade Kruste erscheint, eine Art Karikatur des wahren Lebens, ein zweidimensionales Abbild einer anderen *materiellen* Welt voller Tiefen und Schwingung, voller Reichtum sich überlagernder und verschmelzender Bedeutungen, voller wirklichen Lebens, wirklicher Freude, wirklicher Bewegung. Dort, draußen, sind es nur zappelnde Puppen von Wesen, vergängliche Umrisse eines chinesischen Schattenspiels, erleuchtet durch etwas anderes, projiziert von etwas anderem, das das Leben dieser Schatten ist, das Licht ihrer Nacht, die geweihte heilige Bedeutung ihrer kleinen nichtigen Geste, der wahre Körper ihrer fahlen Silhouette. Und doch ist es eine *materielle* Welt – materiell, wirklich materiell, keine glänzende Fiktion, keine Halluzination bei geschlossenen Augen, kein vager Heiligenschein kleiner Heiliger: Sie ist *hier*, gleich der «wahren Materie», wie Sri Aurobindo sie nannte, sie schlägt an unsere Tore, sucht auch für unsere Augen und in unseren Körpern zu existieren, hämmert auf die Welt ein, als wollte das große ewige Bild in das kleine eindringen, die wahre wirkliche Welt in diese Karikatur eindringen, die an allen Ecken und Enden in die Brüche geht, die Wahrheit der Materie in diese verlogene und illusorische Verkleidung eindringen – als läge die Illusion wirklich auf unserer Seite, in diesem falschen Blick auf die Materie, in dieser falschen mentalen Struktur, die uns daran hindert, die Dinge so zu sehen, *wie sie sind*. Denn sie bestehen bereits, genauso wie die Fülle des Monds bereits besteht, allein verstellt durch unseren umschatteten Blick.

Diese Solidarität des Schattens, diese Wirksamkeit der Illusion ist wahrscheinlich das kleine «Nichts», das im Wege steht. Konnte die Raupe anders, als eine lineare Welt zu sehen, so konkret und objektiv für sie, wie sie für uns unvollständig und subjektiv ist? Unsere Erde ist nicht vollständig, unser Leben ist nicht vollständig, ja selbst unsere Materie ist nicht vollständig: Sie hämmert und drängt, um ganz und eins zu werden. Es könnte sehr wohl sein, daß die gesamte Lüge der Erde in ihrem falschen Blick liegt, der ein falsches Leben, falsches Handeln, falsches Sein mit sich bringt, ein Sein, das noch nicht einmal wirklich ist, das nach Sein schreit, das wieder und wieder an unsere Tore und an die Tore der Welt schlägt. Und dennoch existiert diese «Kruste», diese «Hülse» – sie leidet und stirbt. Das ist keine Illusion, selbst wenn dahinter das Licht des Schattens liegt, die Quelle seiner Geste, das wahre Gesicht seiner Maske. Was hindert die Verbindung? ... Vielleicht einfach etwas in der alten Substanz, das sich noch immer für seinen Schatten hält, anstatt sich als seine Sonne zu begreifen – vielleicht handelt es sich nur um eine Art Überführung unseres materiellen Bewußtseins, seines totalen und integralen Übertritts von dem kleinen Schatten in die große Person? Ein Übertritt, der dem Tod gleicht, ein Umschwung in ein so radikales «Anderssein», daß es der Desintegration des alten Biedermanns gleicht: ein augenblicklicher Wiederauferstehungstod? Ein plötzlich anderer Blick, ein Sturz in den Lebenskern, in das wahre Leben, das den alten Schatten abschafft oder «ent-wirklicht»?

Der ganze Weg, der einfache Weg, besteht vielleicht nur darin, das wahrzunehmen, was bereits hier ist – und zu lernen, Vertrauen zu haben.

Aber diese hartnäckige Kruste, die alte illusorische Materie überall unter unseren Füßen fährt fort zu bestehen – wenigstens für die anderen. Ihre vorherrschende Wahrnehmung ist das Kriterium der Objektivität, das, was wir als «die Welt, so wie sie ist» bezeichnen. Ist es vorstellbar, daß eine Handvoll vorgeschrittener Wesen, Pioniere der neuen Welt, auf diese wahre Weise leben werden, in diesem wahren Körper (unsichtbar für die anderen), während die anderen weiterhin im alten Schatten leben und sehen und mit ihm straucheln, mit ihm leiden und sterben, bis zu dem Augenblick, an dem auch sie zum letzten Übergang fähig sind – fähig, in die neue Welt einzutreten, die dann die allgemeine Objektivität geworden sein wird, und dennoch auf dieser Erde und in dieser Materie, aber mit dem wahren Blick betrachtet. Die alte Kruste wird fallen, wenn alle fähig sind, mit diesem Blick zu sehen – wenn alle, in eine fortgeschrittenere «Zeit» versetzt, den Baum in Blüte sehen anstatt der alten Rinde? ... Der Baum steht in voller Blüte, denn die Zeit ist gekommen; vielleicht muß man warten, bis die Menschen erkennen, daß die Zeit gekommen ist und daß all die Blüten da sind an dem schönen Baum – aber sie sind in Wahrheit schon da, außer für diejenigen, die noch im Winter trödeln, wenn der Frühling überall ausbricht. Tatsächlich ist das supramentale Bewußtsein, der supramentale Rhythmus ein außergewöhnlich schneller Rhythmus – die heutige Erde erscheint statisch und stagnierend im Vergleich dazu –, und vielleicht ist es einfach diese «Beschleunigung», die den ganzen Unterschied ausmacht, die die orangene Sanftmut der supramentalen Strahlen, ihre warmen und lebendigen Tiefen, ihre leichte Erde offenbart, wie die Beschleunigung der Galaxien das Rot oder Violett der Sterne entfacht, entsprechend ihrer Richtung. Und wie könnte diese neue Vision – so konkret wie die aller Himalajas zusammengenommen, konkreter selbst als sie, denn sie enthüllt alle geheimen Tiefen des Himalajas und seinen lebendigen Frieden, seine solide Ewigkeit – nicht radikal das ganze Leben der Menschheit verändern, zumindest für jene, die zu sehen vermögen, und nach und nach für alle Menschen, es so radikal verändern, wie die menschliche Wahrnehmung die Welt veränderte, die die Raupe wahrnahm? ... Denn schließlich vernichtet die neue Vision nicht die Welt, sie zeigt sie nur *so, wie sie ist* (und auch dann wird dieses supramentale «so, wie es ist» wahrscheinlich mit den zukünftigen Epochen wachsen – wo ist das Ende?). Es ist nicht wahr, daß die Materie plötzlich «anders» wird, auf einen wunderbaren und alles transmutierenden Schlag – sie wird (für unsere Augen) das, was sie immer gewesen ist: Sie hört auf, der gewundene Steilweg der Raupe zu sein und breitet ihre sonnigen Prärien aus, die sich immer weiter erstrecken mit unserem Blick. Die wahre Materie, die supramentale Materie hat schon immer auf unseren wahren Blick gewartet – nur Gleiches erkennt Gleiches. Die Zeit des Göttlichen erwartet uns auf der Erde, wenn wir nur zustimmen, dieses Gleichnis zu erkennen, von der wir nur ein erstes Abbild sind.

Und das ganze Problem der Transmutation stellt sich erneut: Handelt es sich um eine Transmutation der Materie oder um eine Transmutation der Vision? ... Es handelt sich um beides, ohne Zweifel, jedoch ist es der Wandel der Vision, welcher den Wandel der Materie auslöst, der Wandel der Vision, welcher eine neue Handhabung der Materie gestattet, wie unsere Menschenaugen uns eine neue Handhabung der Welt ermöglichten; und dieser Wandel der Materie scheint erst dann möglich zu sein, wenn die Menschheit als Ganzes oder ein hinreichend mächtiger Teil des großen terrestrischen Körpers – denn wir sind ein einziger Körper, wir vergessen es ständig – einwilligt, die neue Luft zu atmen, diesen Saft aufzunehmen, aufzuhören, an ihre alten Phantome und Ängste und an ihre alten mentalen Unmöglichkeiten zu glauben. Und wir können annehmen, wir können sogar *sehen*, daß diese Veränderung der Vision ansteckend ist; es ist eine Anstekkung der Wahrheit, eine unaufhaltsame Ausbreitung der Wahrheit: Sie ist es, welche unsere Formen und unser Bewußtsein und unsere Gesetze, unsere Systeme und Staaten unter ihrem unsichtbaren goldenen Druck aufbricht: Der Welt widerfährt ein Schlag solarer Zeit, der unsere Epoche ins Schwingen bringt und sie unter seinem kraftvollen Einfluß in totale Verwirrung stürzt, und die Wahrheit einiger wird alle anderen zur Veränderung nötigen, so einfach, so unvermeidlich, wie der erste Anflug von Frühling sich von Ast zu Ast ausbreitet und in Blüte um Blüte aufbricht.

Die Geheimnisse sind einfach, haben wir gesagt, und wir fragen uns, ob diese «schwierige» Transmutation, diese komplizierte Alchemie, die schweren Zauberbücher und mysteriösen Einweihungen, die gelehrten Kasteiungen und spirituellen Gymnastiken, die Meditationen und Klausuren und gequälten Atemübungen und die ganze Mühe des Geistes nicht tatsächlich die Mühe des Mentals sind, das *will*, daß es schwer sei, unendlich schwer, damit es sich weiter aufblasen kann, um dann den Ruhm zu ernten, diesen ungeheuren Knoten aufzulösen, den es selbst geknüpft hat? Wenn es zu einfach ist, glaubt das Mental nicht daran, weil es nichts zu tun hat – denn es *will* etwas tun, um jeden Preis, denn das ist sein Brotverdienst, sein Ich-Verdienst. Aber dieser mentale Schwulst und diese Aufgeblasenheit verschleiern uns vielleicht eine unendliche Einfachheit, eine höchste Leichtigkeit, ein höchstes Nicht-Tun, das die Kunst ist, alles zu tun. Wir mußten wieder und wieder tun und uns auf den Pfaden des Mentals umtun, um ein Quentchen dieser ungeheuren, unermeßlichen Bewußtseins-Kraft, dieser universellen Energie-Harmonie zu individualisieren, um ihr gewissermaßen das Bewußtsein ihrer selbst zu geben, in dieser Gestalt oder in einer Milliarde Gestalten – doch vielleicht ist die Zeit gekommen, am Ende der langen Reise der kleinen Flamme die Form aufzubrechen, die unser Wachstum unterstützte, und in einem kleinen Seinszentrum, in einem kleinen Punkt der Materie, in einem kleinen klaren Ton die Totalität des Bewußtseins und der Energie und der Harmonie wiederzuerlangen und *Das* machen zu lassen und *Das* unseren Blick verändern zu lassen und *Das* unser Gewebe durchdringen zu lassen und *Das* unsere Substanz ausweiten zu lassen – ein höchstes Kind in uns spielen zu lassen, das über die großen Prärien der Welt läuft und sich nichts mehr wünscht, als mit uns und für uns zu spielen, wenn wir es wollen, denn es ist wir. Diese schwierige Transmutation ist vielleicht schließlich gar nicht so schwierig, sie sollte so leicht sein wie die Wahrheit, so leicht wie ein Lächeln, so leicht wie das spielende Kind. Vielleicht geht es nur darum zu wissen, ob wir die Partei der Schwierigkeit ergreifen wollen – die Partei des Mentals, das sich hoffnungslos aufbläht im Versuch, die Größe des Universums zu erreichen, die Partei des «aber» und des «warum» und des «wie» und all dieser unversöhnlichen Gesetze, die uns immer enger würgen in unserer mentalen Zwangsjacke – oder die Partei des Ich-weiß-nicht-was, das durch die Luft gleitet, in der Luft funkelt, an allen Ecken und in allen Begegnungen mit den Augen zwinkert, in allen Dingen und allen Lappalien des Alltags, wie um uns in sein unbeschreibliches goldenes Kielwasser zu ziehen, in dem alles einfach und leicht und wunderbar ist – wir sind mitten im Wunder! Wir sind mitten in der supramentalen Zeit, sie schlägt an all unsere geschlossenen Fenster, in unseren Ländern, in unseren Herzen, in unseren zusammenbrechenden Systemen und wankenden Gesetzen, in unseren strauchelnden Weisheiten, in unseren Tausenden von Übeln, die nicht aufhören herauszuplatzen, unsere Tausende von kleinen Lügen, die den sinkenden Nachen verlassen – anmutig führt sie ihren goldenen Nachen hinter der trügerischen Erscheinung, treibt ihre unerwartete Blüte hinter dem alten Wrack, wartet auf einen winzigen Riß darin, um hervorzuspringen, einen winzigen Hilferuf. Die Transmutation ist nicht schwierig, sie ist vollkommen hier, schon vollbracht, sie wartet einzig darauf, daß wir unsere Augen vor der Unwirklichkeit des Elends, der Unwirklichkeit der Lüge, der Unwirklichkeit des Todes, der Unwirklichkeit unserer Ohnmacht öffnen – der Unwirklichkeit des Mentals und der Gesetze des Mentals. Sie wartet auf unseren radikalen Sprung in die Zukunft der Wahrheit, auf unseren Massenaufstand gegen den alten Käfig, unseren Generalstreik gegen die Mechanik. Oh, überlassen wir den Alten – den Uralten der alten Welt, den alten Gläubigen des Elends und des Leids und der Bombe und des Evangeliums und der tausend Evangelien, die sich um die Welt streiten – die Verantwortung, ihre alte quietschende Mechanik noch ein paar Tage anzukurbeln und sich weiter über ihre Grenzen und die Reformen ihrer Fäulnis und die Übereinkommen ihrer Uneinigkeit zu streiten, Bomben anzuhäufen, falsches Wissen anzuhäufen, Bibliotheken und Museen anzuhäufen, das Gute zu predigen, das Übel zu predigen, dem Nächsten und dem Fernsten, dem Vaterland und dem Nicht-Vaterland zu predigen, weitere Maschinen und Super-Maschinen zu fabrizieren und Raketen in den Weltraum und Elend in jeden Haushalt zu schicken – lassen wir ihnen ihre letzten Überschläge der Lüge, ihre letzten Schreie der Fäulnis, wir, die wir über die Vaterländer lachen, über die Grenzen lachen, über die Maschinen lachen und über jedwede vermauerte Zukunft lachen, wir, die wir an etwas Unsagbares und Schwereloses glauben, das an die Tore der Welt schlägt, das in unseren Herzen schlägt, an eine völlig neue, völlig klare, völlig lebendige und herrliche Zukunft, ohne Grenzen, ohne Gesetze, ohne Evangelien, jenseits all ihrer Möglichkeiten und Unmöglichkeiten, ihrem Gut und Übel, ihrer kleinen Länder und kleinen Gedanken – wir, die wir an die Wahrheit glauben, an die höchste Schönheit der Wahrheit, an die höchste Freude der Wahrheit, an die höchste Macht der Wahrheit. Wir sind die Kinder einer wunderbareren Zukunft, die bereits hier ist und durch unseren Schrei des Vertrauens an den Tag springen wird, die alte Mechanik hinwegfegen wird wie einen unwirklichen Traum, einen Alptraum des Mentals, einen alten Windsack, der keine Luft mehr hat als diejenige, die wir ihm zu leihen bereit sind. Die Transmutation ist in unserem Herzen zu vollziehen, die letzte Revolution gilt es auszuführen: die supramentale Revolution der menschlichen Art – so wie andere die menschliche Revolution unter die Affen brachten –, ihre große Revolte gegen die Mechanik, ihren Generalstreik gegen das mentale Wissen, gegen die mentale Macht und mentale Fabrikationen – gegen das mentale Gefängnis –, ihr Abtrünnigwerden en masse gegen die alte Verwicklung des Schmerzes, und ihr Ruf nach dem, was sein muß, ihr einfacher Schrei der

Wahrheit in den Trümmern des mentalen Zeitalters: die Wahrheit, die Wahrheit und nichts als die Wahrheit.

Dann wird Wahrheit sein.

Denn sie ist so einfach wie ein Kind und antwortet auf den leisesten Ruf.

Und sie wird alles für uns tun.

Quellennachweis

1. Sri Aurobindo, *Savitri*, 28:256
2. Sri Aurobindo, *The Life Divine*, 19:680
3. Sri Aurobindo, *The Life Divine*, 19:754
4. Sri Aurobindo, *The Bases of Yoga*, IV.119
5. Sri Aurobindo, *Savitri* 28:370
6. Sri Aurobindo, *The Hour of God*, 17:1.
7. Sri Aurobindo, *The Synthesis of Yoga*, 20:82
8. Sri Aurobindo, «Musa Spiritus», 5:589
9. Sri Aurobindo, «Journey's End», 5:570
10. Sri Aurobindo, «A God's Labour», 5:99
11. Rigveda, III.22.2
12. Rigveda, I.70.2
13. Rigveda, I.59.1
14. Rigveda, III.39.5
15. Katha Upanishade, V.8
16. Rigveda, II.1.12
17. Rigveda, I.179.1
18. Brihadaranyaka Upanishade IV.5.4
19. Sri Aurobindo, *Thoughts and Aphorisms*, Nr. 383
20. Mundaka Upanishade, II.2.12
21. Svetasvatara Upanishade, IV.3.4
22. Chhandogya Upanishade, VI.8.7
23. Rigveda. II.24.4
24. Rigveda, III.7.2
25. Sri Aurobindo, «The Life Heavens», 5:575
26. Sri Aurobindo, *The Ideal of Human Unity*, 15:558
27. Nirodbaran, *Correspondence with Sri Aurobindo*, II.112
28. Sri Aurobindo, «A God's Labour», 5:99
29. Mutter, *Entretien* am 16.9.1953
30. Mutter, *Quelques Paroles*, 31
31. Sri Aurobindo, *On Himself*, 26:375
32. Sri Aurobindo, *Savitri*, 28:183
33. Sri Aurobindo, *The Synthesis of Yoga*, 20:253
34. Sri Aurobindo, *Savitri*, 29:573
35. Sri Aurobindo, *Savitri*, 28:35

36. Sri Aurobindo, *On Himself*, 26 : 172
37. Sri Aurobindo, «A Voice Arose», 5 : 117
38. Sri Aurobindo, *Savitri*, 28 : 59
39. Sri Aurobindo, «The golden Light», 5 : 134
40. Rigveda, V.1.2
41. Rigveda, V.1.9, IV.6.9
42. Sri Aurobindo, «The Dumb Inconscient», 5 : 163
43. A. B. Purani, *Evening Talks with Sri Aurobindo*, II.291
44. Rigveda, III.4.2
45. Rigveda, I.71.2
46. Katha Upanishade, I.1.7
47. Sri Aurobindo, «A God's Labour», 5 : 101
48. Sri Aurobindo, «The Pilgrim of the Night», 5 : 132
49. Sri Aurobindo, *Thoughts and Aphorisms*, Nr. 376
50. Sri Aurobindo, *Savitri*, 28 : 85
51. Rigveda, I.97.5, I.59.7, III.4.2, I.31.7
52. Sri Aurobindo, *Savitri*, 29 : 531
53. Arthur Avalon, *The Serpent Power*, 96
54. Rigveda I.10.1
55. Sri Aurobindo, *Savitri*, 28 : 343

Michael Harner
Der Weg des Schamanen
Ein praktischer Führer zur inneren Heilkraft (7989)

Paul Hawken
Der Zauber von Findhorn
Ein Bericht (7953)

Jean Houston
Der mögliche Mensch
Handbuch zur Entwicklung des menschlichen Potentials (8323)

George Leonhard
Der Rhythmus des Kosmos (7959)

Lawrence LeShan
Von Newton bis PSI
Neue Dimensionen im Umgang mit der Wirklichkeit (7966)

Douglas Lockhart
Wer den Wind reitet
Ein westlicher Weg zum Selbst (8370)

Jeff Love
Die Quantengötter
Ursprung und Natur von Materie und Bewußtsein (8418)

David Loye
Die Sphinx und der Regenbogen
Das Potential unseres Bewußtseins, die Zukunft voraussehen (8461)

Bruno Martin
Handbuch der spirituellen Wege
Überarbeitete Neuausgabe (7909)

Caitlin und John Matthews
Der westliche Weg
Ein praktischer Führer in die alten Geheimlehren
Band 1: (8483)
Band 2: (8510)

Hermann Meyer
Astrologie und Psychologie
Eine neue Synthese (7995)

Peter O'Connor
Innere Welten
C.G. Jung verstehen – sich selbst verstehen (8438)

Tathang Tulku
Raum, Zeit und Erkenntnis
Aufbruch zur neuen Erfahrung von Welt
und Wirklichkeit (8099)

Klausbernd Vollmar
Fahrplan durch die Chakren
Ein Übungsbuch zur Aktivierung der Energiezentren (8513)

Janwillem van de Wetering
Ein Blick ins Nichts
Erfahrungen in einer amerikanischen Zen-Gemeinde (7936)

Robert Anton Wilson
Der neue Prometheus
Die Evolution unserer Intelligenz (8350)

Gary Zukav
Die tanzenden Wu Li Meister
Der östliche Pfäd zum Verständnis der modernen Physik:
vom Quantensprung zum Schwarzen Loch (7910)